*.entdecken

Händelstadt Halle (Saale)

HÄNDELSTADT

HALLE (SAALE)

Text
Katrin Greiner

Fotografien
Janos Stekovics

VERLAG JANOS STEKOVICS

... und am Anfang war das Salz

Halle, das Salz und die Hanse

Halle entstand über einen langen Zeitraum hinweg wohl aus mehreren Siedlungskernen. Aus dem Jahr 806 stammt die erste schriftliche Erwähnung eines Kastells „ad locam qui vocatur Halla". Eine Chronik berichtet, dass ein Sohn von Kaiser Karl dem Großen hier eine Grenzbefestigung anlegen ließ. In einer Schenkungsurkunde von 961 vermachte König Otto (seit 962 Kaiser Otto I.) dem Moritzkloster zu Magdeburg das Gebiet „Neletici". Neben Burg und Ort Giebichenstein taucht in dem Schriftstück eine Salzquelle auf, die Historiker am heutigen Hallmarkt vermuten. Der Giebichenstein (961: „Giuicansten") thront als eindrucksvolles Felsmassiv über der Saale. 987 erhielt die dortige Burg das Zoll-, Bann- und Münzrecht.

„Halla" deutet auf den Ursprung des Ruhms und der Bedeutung der späteren Stadt hin: Salz! Hier wurde das kostbare Weiß aus salzhaltigem Wasser gewonnen – und das schon vor rund 4000 Jahren. Bis in das 18. Jahrhundert hinein bestimmte

▼ Beim regelmäßig stattfindenden Schausieden zeigt Salinenmeister Detlef Hay Besuchern der Saline, wie Salz einst gewonnen wurde.

▲ Einst befand sich an der nach Mansfeld führenden Straße die Hohe Brücke. Dort thronte zwei Ellen über dem mittleren Wasserstand der Saale ein steinernes Bildnis, das die sagenumrankte Bezeichnung „Saalaffe" trägt und heute im Technischen Halloren- und Salinemuseum gezeigt wird.

▼ Rüdiger Just, Beutelherr (Schatzmeister) der Halloren-Brüderschaft, mit dem von Friedrich dem Großen 1740 gestifteten Huldigungsbecher

das Salz die Stadtentwicklung. Die Salzgewinnung lief wie folgt ab: Aus vier Brunnen wurde Salzwasser gepumpt und die sogenannte Sole dann von den Brunnenarbeitern (Bornknechten) gefördert und in großen Kübeln zu den Siedekoten (Siedehäuser oder -hütten) getragen und in Pfannen geschüttet. Über einem Feuer verdunstete dann das Wasser in den Pfannen. Das verbleibende Salz wurde in Weidenkörben getrocknet und später vorwiegend im mitteldeutschen Raum verkauft.

1491 schlossen sich die Salzwirker zu einer Brüderschaft, die noch heute existiert, zusammen. Die Halloren bildeten eine Gemeinschaft mit eigener Kultur und mit vielen durch Fleiß erworbenen Privilegien (Lerchenfang, Räucherwurst- und Soleierherstellung) und besaßen eine eigene Rechtshoheit. Sie gratulierten am Neujahrstag dem jeweiligen Landesherrn und huldigten ihm mit Soleiern und Schlackwurst. Auch heute noch bringen sie diese traditionellen Produkte alljährlich in die Ratssitzung der Stadt. Halloren sprachen einst einen eigenen Dialekt und trugen spezielle Trachten. Zu besonderen Anlässen sind die Mitglieder der Brüderschaft mit ihren aufwendig gestalteten Kleidungsstücken und ihren liebevoll gepflegten Traditionen in der Stadt zu sehen. Die Festkleidung besteht aus einer schwarzen Kniebundhose, weißen oder blauen Strümpfen, einer Weste mit Blumenmuster, einem roten oder blauen Mantel, Schnallenschuhen und vor allem 18 kugelförmigen Silberknöpfen. Obenauf sitzt ein schwarzer Dreispitz.

Der Ort, an dem die Tradition der Salzgewinnung gepflegt wird, ist das Halloren- und Salinemuseum auf dem Gelände der ehemaligen Königlich Preußischen Saline (Salinehalbinsel). Aus der Zeit der Gründung der Saline um 1720 stammt

noch ein altes, einstöckiges Uhrenhaus mit Turm. Bis 1964 wurde in der Saline Salz gewonnen, 1969 dann ein Museum eröffnet.

Gezeigt wird neben der Geschichte der halleschen Salzgewinnung ein Teil des legendären Silberschatzes der Halloren und originales Werkzeug. Der Silberschatz selbst besteht aus mittlerweile über 90 Bechern aus purem Silber. Der älteste von ihnen stammt aus dem Jahre 1671, der jüngste wurde erst kürzlich gestiftet. Immer wieder erhielten die Halloren solcherart wertvolle Becher – zur Huldigung, aus Freundschaft oder gar Dankbarkeit. So war es mit dem ersten Becher, der den Schatz begründete: Die Hallenser Bürger stifteten ihn den Halloren für deren aufopferungsvolle Dienste beim Löschen eines großen Brandes. Viele andere Becher tragen Widmungen der Landesherren, der Universität, der Oberbürgermeister und von Privatpersonen. Heute werden die Becher alle zwei Jahre hervorgeholt und mit Pfingstbier gefüllt, um nach der Wahl des neuen Vorstandes auf würdige Art auf eine glückliche Zukunft anzustoßen.

Rings um die frühen Salzgewinnungsstätten entstanden Siedlungen und ein Handelsplatz an der Stelle des heutigen Alten Marktes. Bereits im 12. Jahrhundert aber verlagerte sich der Mittelpunkt des Geschehens zum heutigen Markt. Die Markt-, Zoll- und Münzrechte gingen vom Giebichenstein hierher über. Halle entwickelte sich im Mittelalter zu einem wichtigen Handelsplatz des Kaiserreiches. Eine große Verteidigungsanlage entstand. Um 1300 lebten rund 4000 Menschen hier. Aus dem Jahre 1258 ist ein erstes Zeugnis über einen Rat der Stadt überliefert.

Halle war übrigens einst auch Hansestadt. Eine Beitrittserklärung selbst existiert nicht, aber ein Beleg dafür stammt von 1281. In diesem Jahr nämlich stimmte

▶ Bei der Salzwirker-Brüderschaft gibt es verschiedene Offiziersdienstgrade. Der Fähnrich beispielsweise hat die Aufgabe, bei allen öffentlichen Auftritten der Brüderschaft die Fahne mitzuführen und sie auch bei Festen wie dem Pfingstbierfest auf eine exakt vorgeschriebene Weise zu schwenken. Die Kunst besteht dann darin, die Fahne über dem Kopf auf- und abzuwickeln. Dabei muss sie waagerecht in der Luft liegen.

Auch der Weg eines jeden einzelnen Halloren wird von seiner Aufnahme in die Brüderschaft bis zu seinem Tode mit dem traditionellen Grabgeleit von der Fahne begleitet.

Es waren die Landesherren, die jeweils bei einem Regierungswechsel den Halloren eine neue Fahne schenkten. Seit Deutschland eine Republik ist, schenkt die Stadt Halle den Halloren die Fahnen; die jüngste stammt aus dem Jahr 2006.

Fähnrich Hans-Ulrich Frosch hält eine Fahne von 1968.

▼ Salinehalbinsel (vorn), Mitteldeutsches Medienzentrum (rechts im Bild)

der Rat von Halle der Verlegung des Stapels, der Handelsvertretung der deutschen Kaufleute, vom belgischen Brügge ins niederländische Aardenburg zu. Das ist wohl ein Indiz dafür, dass hallesche Kaufleute bereits seit dem 13. Jahrhundert in den Fernhandel mit Flandern involviert waren. Halle gehörte zudem zu den 24 Hansestädten, die sich 1294 in einem Streit um eine führende Funktion innerhalb der Hanse zwischen Lübeck und Visby auf Gotland für Lübeck aussprachen. Auf den großen Hansetagen, die die in der Hanse vereinigten Städte regelmäßig abhielten, ließ sich Halle zumeist wohl von Magdeburg oder Braunschweig, mit beiden durch den Sächsischen Städtebund eng verbunden, vertreten.

Hatte 1263 noch der Erzbischof in der „Magna Charta Hallensis" bestätigt, dass kein neuer Salzborn innerhalb der Stadtmauern gegraben werden dürfe zum Nachteil der bestehenden vier Brunnen und dass keine gegen die Stadt gerichtete Burg erbaut werden darf, endete 1478 diese Übereinkunft abrupt: Truppen des Erzbischofs Ernst von Magdeburg nahmen die Stadt ein. Halle verlor die städtische Freiheit und wurde den Verwaltungsstrukturen des Erzbistums eingegliedert. Spätestens zu diesem Zeitpunkt war auch das Ende der Hansemitgliedschaft besiegelt. Der Bau der Moritzburg (1484–1503) kündet von der Unterwerfung: Sie war als Zwingburg gegen die Stadt geplant und als Residenz des Landesherren.

1513 betrat ein Mann die politische Bühne, der für Halle eine wichtige Rolle spielen sollte: Albrecht von Brandenburg. Er ließ die alte Dominikanerkirche zum Dom umbauen (1520/26) und die Neue Residenz errichten (1531). Die beiden Kirchen auf dem Markt ließ Albrecht bis auf die Türme abtragen und zwischen diese die neue Marktkirche bauen (1529/54). Albrecht gelang es indes nicht, Halle zu einer Hochburg der Gegenreformation zu machen. Er verließ 1541 die Stadt in Richtung Mainz und nahm an Wertvollem mit, was man nur abtransportieren konnte. Im April des Jahres begann mit einer Predigt durch Justus Jonas die Reformation in Halle, die 1562 durch Erzbischof Sigismund offiziell im Erzstift Magdeburg eingeführt wurde. Er verlor den Titel „Erzbischof" und war nun „Administrator" (evangelischer Landesherr).

Die Salzgewinnung verhalf Halle in den kommenden Jahrzehnten zu einigem Reichtum. Eindrucksvolle Renaissancebauten, die unter der Federführung des Baumeisters Nickel Hoffmann entstanden, zeugen davon.

Sieben Jahre nach Ausbruch des Dreißigjährigen Krieges geriet Halle in die Auseinandersetzungen, wurde von kaiserlichen Truppen unter Wallenstein erobert und geplündert. Zehrende Kämpfe und wechselnde Besatzungen prägten die Folgejahre. Am Ende blickte Halles Bürgerschaft auf Trümmer und Zerstörungen, denen auch die Moritzburg und die Burg Giebichenstein zum Opfer gefallen waren. 1680 starb mit Herzog August von Sachsen der letzte Administrator des Erzstifts Magdeburg. Halle gelangte an das Kurfürstentum Brandenburg.

Bildung und Wissenschaft hielten 1694 Einzug in die Stadt mit der Gründung der Universität und der Einrichtung einer Armenschule durch August Hermann Francke im darauf folgenden Jahr.

1806 eroberten französische Truppen Halle. Die Leiden der nächsten Jahre gipfelten 1813 in der Aufnahme unzähliger Verletzter aus der Völkerschlacht bei Leipzig.

Im 19. Jahrhundert kamen mit der Industrialisierung die ersten Dampfmaschinen (1831) nach Halle, die Stadt wurde 1840 an das Eisenbahnnetz angeschlossen: zwei Grundlagen dafür, dass sich Halle in der ersten Hälfte des 20. Jahrhunderts zur modernen Großstadt entwickelte. Zum Zentrum der chemischen Industrie wurde Halle mit der Errichtung der Leuna-Werke bei Merseburg 1916. Weitere chemische Betriebe im Umland folgten, 1936 etwa die Buna-Werke bei Schkopau.

Das wohl düsterste Kapitel der Stadtgeschichte schrieben die Jahre 1933 bis 1945. Auch in Halle wurden Juden, Sozialisten und Kommunisten verfolgt. Auch

▲ Kardinal Albrecht (1490–1545) wurde 1513 Erzbischof von Magdeburg und Administrator des Bistums Halberstadt sowie 1514 Erzbischof und Kurfürst zu Mainz und 1518 Kardinal. Unter seiner Federführung trieb der Mönch Johann Tetzel den Ablasshandel auf das Äußerste voran, was letztlich Martin Luther 1517 zum Anschlag seiner 95 Thesen veranlasste. Kardinal Albrecht war einer der Hauptgegenspieler Luthers.

Halle war bis zu seiner Flucht nach Mainz 1541 Albrechts Lieblingsresidenz, hat ihm zahlreiche Bauwerke und Kunstaufträge zu verdanken und ist heute noch in seinem Aussehen von Albrechts Wirken geprägt.

▼ Die Marktkirche Unser Lieben Frauen und der Rote Turm bilden noch heute die fünftürmige Silhouette, das Wahrzeichen von Halle (historische Plattenaufnahme, um 1900, Privatarchiv).

▲ Der Marktplatz in seiner einstigen Gestalt mit dem Alten Rathaus, der Alten Waage und dem Stadthaus. Heute ist nur noch das Stadthaus erhalten (historische Plattenaufnahme, um 1900, Privatarchiv).

▼ Magnet zu den Händel-Festspielen: das Opernhaus

hier brannte die Synagoge. Auch in Halle forderte der Zweite Weltkrieg große Opfer, auch wenn durch diplomatische Verhandlungen die Stadt vor der Zerstörung bewahrt werden konnte. Im April 1945 wurde Halle durch die Amerikaner befreit, doch nach den Vereinbarungen von Jalta im Juli an die Sowjetische Militär-Administration übergeben. Ab 1945 war Halle Hauptstadt der Provinz Sachsen, ab 1952 Bezirkshauptstadt. Der Bezirk Halle galt wegen seiner Großbetriebe als Chemiebezirk der DDR. Auch vor Halle machten die verheerenden Umweltverschmutzungen in Luft, Boden, Wasser, wie sie auch in Bitterfeld, Wolfen und anderswo zu beobachten waren, nicht halt und prägten das allgemeine Bild von einer schmutzigen, grauen Stadt.

Dieses Bild ist – nachdem auch in Halle die Menschen 1989 für ein besseres Leben in Freiheit und Demokratie auf die Straße gingen – glücklicherweise Vergangenheit. Die Saale ist wieder ein sauberer Fluss, in dem sich mehr als 30 Fischarten tummeln und in dem Baden erlaubt ist. Nach und nach wurden und werden die unzähligen baulichen Kleinode der Stadt saniert, die Gründerzeitviertel erstrahlen wieder in altem Glanz. Halle ist zwar keine Landeshauptstadt, aber kulturelle Hochburg des Landes Sachsen-Anhalt und bietet ein vom Krieg fast unversehrt gebliebenes Stadtgebiet und eines der größten Flächendenkmale Europas.

Halle ohne Händel ist wie ein Hallore ohne Salz – also schlicht undenkbar! Der große Sohn der Stadt wurde 1685 in Halle geboren und unternahm hier auch seine ersten musikalischen Schritte. Auch wenn Georg Friedrich Händel schon im Alter von 18 Jahren in die Ferne zog – den Namen seiner Geburtsstadt trägt er dennoch bis heute mit seinen Kompositionen in alle Welt. Jedes Jahr im Juni feiert ihn die dann an vielen Orten singende und klingende Stadt mit den international renommierten Händel-Festspielen.

Das Herz der Stadt

Als der erste Handelsmarkt zu klein wurde, legte man im 12. Jahrhundert den heutigen Marktplatz an. Etwa 16 000 Quadratmeter wurden mit Krämerbuden, Kauf- und Gasthäusern bebaut. Der Marktplatz war und ist einer der schönsten in Deutschland: Er zeugt vom Raumempfinden der Renaissance, wirkt in sich geschlossen, obwohl 14 Straßen einmünden. Dazu kommen die fünf Türme, das Wahrzeichen der Stadt.

Seinen Mittelpunkt hat der Markt unbestritten mit dem Händeldenkmal, einem 3,2 Meter hohen Bronzestandbild, das Verehrer der Kunst des großen Sohnes der Stadt anlässlich seines 100. Todestages im Jahr 1859 stifteten. Hier nun schaut der in das typische Gewand des 17. Jahrhunderts gehüllte Komponist in die Richtung seiner Wahlheimat England. Auf dem Dirigentenpult liegen die Notenblätter des „Messias".

Den Markt dominiert der Rote Turm (1418–1506), ein freistehender Glockenturm (Campanile) für die Marienkirche, der vom Streben nach Freiheit, ohne Bevormundung durch die Erzbischöfe aus Magdeburg, zeugt (mit 84 Metern sollte er höher werden als alle Kirchtürme der Stadt). An seinem Fuß befindet sich die Rolandsfigur. Hier wurden Urteile gefällt und vollstreckt. Hier floss Blut. Stammt daher der Name oder geht er auf den beteiligten Baumeister Rode zurück? Hat vielleicht sogar der Chronist Dreyhaupt recht, der vermutete, der Turm trüge seinen Namen wegen des einst rot glänzenden Kupferdaches? Fakt ist: Erst seit dem 17. Jahrhundert heißt der Turm Roter Turm, zuvor trug er die Bezeichnung Neuer Turm.

◄◄ Der hallesche Markt

▲ Der Roland am Roten Turm

► Markt mit Marktkirche, Händel und Rotem Turm

▼ Marktschlösschen mit Stadtinformation

Zur Eröffnung der 42. Händelfestspiele 1999 wurde ein neues Glockenspiel (Carillon) installiert, das zweitgrößte weltweit: 76 Glocken mit einem Gesamtgewicht von 54 980 Kilogramm. Die größte heißt „Dame Händel", hat einen Durchmesser von 2,36 Metern und wiegt 8056 Kilogramm. Die kleinste wiegt 10,7 Kilogramm bei einem Durchmesser von 16,3 Zentimetern. Man kommt auf insgesamt 81 Glocken, rechnet man die fünf für den Uhrenschlag hinzu. Der ertönt übrigens exakt so wie der von Big Ben in London. Auf der Kuppel des Roten Turmes befinden sich insgesamt 246 Stacheln und wehren böse Geister, Teufel und Hexen ab.

Beeindruckend ist das in einer Mischung aus Neogotik und Neorenaissance erbaute Stadthaus (1891/94). Die Fassade ist gegliedert durch große rundbogige Fenster im oberen Geschoss, einen Turm und drei große Giebel. Über dem Haupteingang findet sich das Stadtwappen mit der Jahreszahl 1892. Den Ratssitzungssaal prägen eindrucksvolle Deckenmalereien. Seit der Sanierung (1992) finden hier wieder Sitzungen des Stadtrats und Trauungen statt.

Am oberen Ende wird der Markt vom Ratshof (Neues Rathaus) abgeschlossen. Er entstand 1928/30 als Verwaltungsbau für das zu klein gewordene Alte Rathaus. Deutlich ist der Einfluss des Bauhauses zu erkennen. Nachdem das historische Rathaus ein Opfer des Zweiten Weltkrieges geworden war, wurde der Ratshof Hauptgebäude der Stadtverwaltung. Das Stadtwappen rechts vom Eingang entwarf Richard Horn (1951). An der Ecke zur Leipziger Straße symbolisieren 2,2 Meter hohe Plastiken von Gustav Weidanz das hallesche Leben: Industrie, Saale, Handel, Saalelandschaft und Bergbau.

Eine der bekanntesten und ältesten Straßen Halles, die in den Marktplatz einmündet, ist die nach dem Rittergeschlecht „von Merkelin" benannte Große Märkerstraße. Sie war im 18. und 19. Jahrhundert eine bevorzugte Wohngegend hallescher Professoren. Erwähnenswert ist das Schleiermacherhaus (Nr. 21/22), das 1561 vermutlich Nickel Hoffmann errichtete und dessen nördlicher Hofflügel aus der Zeit um 1200/20 stammt. Von 1680 bis 1693 hatte hier Jean Michel Milié de la Fleur eine Ritterakademie eingerichtet. Ausgebildet wurden Adlige und Bürgersöhne in Sprachen und „ritterlichen Künsten" (Fechten, Reiten, Tanzen und Konversation). Heute hat hier das Landesamt für Denkmalpflege sein Domizil.

ERRICHTET
VON SEINEN VEREHRERN
IN DEUTSCHLAND UND ENGLAND

◄ Der Ratshof, entworfen von Wilhelm Jost und 1930 fertiggestellt

► Am Abend, wenn die Händler ihre Stände abgebaut haben, entfaltet der Markt eine besondere romantische Magie.

▼ Das Stadthaus von 1891/94

◄ Alt trifft Neu: die Nordost-Ecke des Marktes

▲ Blick am Roten Turm vorbei hinüber zum Dom

◄▼ Eindrucksvolles Ensemble: die fünf Türme

▼ Der Rote Turm (von Kleinschmieden aus)

▲ ▶ Die an den Markt angrenzenden Straßen bieten so manche Entdeckung: Impressionen aus der Rathausstraße.

▼ ▶ Besondere (Augen-)Blicke auf dem Markt

▲ Blick in die Leipziger Straße

◄ Prachtvoller Erker in der Rathausstraße

►► Ansichten im Stadtzentrum: Große Märkerstraße, Fassaden (o. l.) und Schleiermacherhaus (u. l.), die Große Ulrichstraße mit vielen Läden und der Kulturinsel (o. r.), die Kleine Ulrichstraße, eine beliebte Café- und Kneipenmeile (u. r.)

▼ An Zither-Reinhold, ein hallesches Original, erinnert der 2002 von Wolfgang Dreysse geschaffene Brunnen in der Leipziger Straße.

NOVITAS BKK

Burg Giebichenstein und Thomas-Müntzer-Gymnasium, im Vordergrund die Kröllwitzbrücke mit den von Gerhard Marcks geschaffenen monumentalen Skulpturen

Halle im historischen Gewand

Hallmarkt

Unterhalb des Marktes liegt zu Füßen der Marktkirche der Hallmarkt. An dieser Stelle wurde schon zur Keltenzeit Salz gewonnen. Später folgten slawische Siedler und um 806 waren laut Einhards (um 770–840) Annalen auch die ersten „Hallenser" da. In über 100 Siedehütten arbeiteten rund 2500 Salzwirker an vier Solebrunnen (18–24 Prozent Salzgehalt). Der Salzgraf wirkte als oberster Gerichtsherr im Tal (Talamt), die Ober- und Unterbornmeister und die Siedemeister sorgten für Ordnung auf der Saline. Bornknechte waren für Förderung und Transport der Sole zuständig. Die Salzjunkeraristokratie hatte Anteile an den Siedehütten und Pfannen (Pfänner). Die Saline war eine Art Staat im Staate mit eigenen Grenzen, unabhängiger Gerichtsbarkeit und mit den Halloren.

Den Hallmarkt prägt heute der vom halleschen Bildhauer Bernd Göbel geschaffene Brunnen, der auf ganz eigene, lebendige Art Stadtgeschichte(n) erzählt. Es treten u. a. auf: Ludwig der Springer, die Halloren oder der gar nicht so fromme Kardinal Albrecht. An der Südseite des Platzes befindet sich die 1905 eingerichtete Stadtbibliothek. Der neoromanische klotzige Bau unterhalb der Marktkirche entstand 1924 als Transformatorenstation.

◄ ► Der 1999 installierte, von Bernd Göbel geschaffene Brunnen berichtet auf lebendige Weise von der Geschichte und den Menschen der Stadt und macht den Hallmarkt zu einem beliebten Treffpunkt.

Burg Giebichenstein

Im Norden des Saalegrüngürtels, direkt nach der Brücke, die Halle mit dem Ortsteil Kröllwitz verbindet und deren monumentale Skulpturen eines Pferdes (Symbol für die Stadt) und eines Ochsen (Symbol für das dörfliche Kröllwitz) von Gerhard Marcks 1928 geschaffen wurden, schlängelt sich die Saale an der malerischen Burg Giebichenstein vorbei. Schon 961 wird der Giebichenstein urkundlich erwähnt. Wo zu jener Zeit allerdings die alte Burg gestanden hat, ist nicht genau geklärt.

In der zweiten Hälfte des 12. Jahrhunderts begann man unter Erzbischof Wichmann von Magdeburg mit dem Bau der sogenannten Oberburg (mit einem großen Palas von ca. 36 x 11 Metern), die im 14. Jahrhundert umfassend ausgebaut wurde und über viele Jahre hinweg Residenz- und Sterbeort der Magdeburger Erzbischöfe war. Im 15. Jahrhundert entstand die Unterburg mit Türmen, Burggraben und Randhausbebauung sowie einem Kornhaus. Nach der Fertigstellung der Moritzburg 1503 allerdings verlor die Burg Giebichenstein ihre Bedeutung als Residenzstätte und wurde für Verwaltungs- und Wirtschaftszwecke genutzt. Schon ab dem 16. Jahrhundert verfiel die Oberburg. Im Dreißigjährigen Krieg nahmen die Schweden die Burg ein. Sie wurde durch einen Brand schwer verwüstet. Danach blieb die Oberburg ungenutzt. 1706 entstand an der Ostseite der Unterburg das barocke Herrenhaus. Später ließ Amtsmann Ochs von Ochsenstein eine steinerne Brücke bauen und Burggraben und anschließendes Gelände zu einem Park (Amtsgarten) umbauen. Die Burgruine wurde ein wichtiges Motiv für die Romantiker, die Stadt und Saale besangen.

1906 erwarb die Stadt Oberburg und Amtsgarten, 1916 die Unterburg und richtete eine Kunstgewerbeschule ein, die seit 1921 ihren Sitz in der Unterburg hat. Von ihrem ersten Direktor Paul Thiersch wurde sie ab 1915 zur modernen staatlich-städtischen Kunstgewerbeschule im Sinne der Ideen des Deutschen Werkbundes gestaltet. Sie beschäftigte namhafte Künstler wie Charles Crodel oder Gerhard Marcks. Durch die Nationalsozialisten wurde die künstlerische Entwicklung der Schule jäh gestört, die handwerkliche Ausbildungsstätte jedoch fortgeführt. Als Hochschule für industrielle Formgestaltung Halle 1958 anerkannt, heißt die Ausbildungsstätte seit 2010 „Burg Giebichenstein Kunsthochschule Halle“, bildet Studierende aus aller Welt aus und hat ihren Hauptsitz am Neuwerk. Am Giebichenstein befinden sich vornehmlich Ateliers.

Die Oberburg ist heute ein einladendes Architektur-Freilichtmuseum und bietet neben den ausgegrabenen Befunden einen unvergleichlichen Blick vom Aussichtsturm über das romantische Saaletal.

▼▶ Die Burg Giebichenstein thront hoch über der Saale, die zahlreiche Möglichkeiten für Touren auf dem Wasser bietet. Viel Grün (u. a. mit den Klausbergen und dem Amtsgarten) prägt diese Gegend.

Moritzburg

Die Moritzburg ist nicht mehr wahre Burg und noch nicht Schloss. Die spätgotische Vierflügelanlage wurde 1484–1503 auf Geheiß des Erzbischofs Ernst von Sachsen als Zwingburg gegen die Stadt und ihr stolzes Bürgertum errichtet und markiert baugeschichtlich einen wichtigen Schritt zwischen Gotik und Renaissance (der hl. Mauritius war Schutzpatron des Erzbistums, daher der Name Moritzburg). Die Anlage misst rund 72 x 85 Meter. Nach außen hin wirkt sie, ihrer Bestimmung gemäß, trutzig und wehrhaft, nach innen öffnet sie sich mit Fenstern und Portalen. Einst verfügte die Anlage über zwei Zugänge: ein Hauptportal an der Nordseite, das später geschlossen wurde, und ein Nebenportal im Ostflügel mit der Figur der hl. Katharina. Heute ist dort der Haupteingang in die Burg.

Die 1509 fertiggestellte und 1514 geweihte Magdalenenkapelle ist heute noch Ort für Gottesdienste. Die Wandpfeilerkirche steht auf einem Grundriss von nur 14 x 23 Metern im östlichen Teil des Nordflügels. An der Nordseite berichtet eine Gedenktafel mit dem Wappen des Kardinals Albrecht, dem hl. Mauritius und der hl. Maria Magdalena von der Weihe. Sie ist – wie das für die Kapelle angefertigte Wappen an der Westwand über der Empore – ein Werk aus der Entstehungszeit. Das 1637 zerstörte Gewölbe wurde 1899 rekonstruiert. Aus dieser Zeit stammen auch die historisierende Ausmalung sowie die neugotische Ausstattung mit Kanzelaltar und Orgel. 1990 wurde eine neue Orgel in das alte Gehäuse eingebaut und geweiht.

Von 1514 bis 1541 nutzte Kardinal Albrecht die Moritzburg als Wohnsitz und ließ sie – wie so viele andere Bauten auch – prächtig ausstatten.

Zu den Besetzern der Burg im Dreißigjährigen Krieg gehörten Wallenstein und der kaiserliche Feldherr Tilly. 1637 beschädigte ein Brand die Moritzburg schwer. 1639 sprengten die Schweden die Süd-West-Bastion. In den Folgejahren ging die unversehrt gebliebene Ausstattung fast vollständig verloren. Nach dem Tod des letzten erzbistümlichen Administrators fiel 1680 mit der Regentschaft auch die Burg in die Hände des Großen Kurfürsten von Brandenburg.

1717 zog Leopold I., Fürst von Anhalt-Dessau, genannt „Der Alte Dessauer", mit preußischen Truppen in Halle ein. Die Burg wurde zur Garnison umfunktioniert. Davon kündet noch das 1777 zwischen Torturm und Kapelle errichtete Lazarettgebäude, das eine Reihe von Umnutzungen, Um- und Ausbauten einleitete.

Um die Wende zum 20. Jahrhundert wurde im Nordflügel eine Turnhalle für die Universität eingebaut. 1904 errichtete man das 1882 abgerissene Talamt, das einst unterhalb der Marienkirche befindliche Amtsgebäude der Pfänner und Halloren, in der Burg wieder. Das Haus enthält heute die originalen Repräsentationsräume der Halloren, das Fest- und das Gerichtszimmer. Die äußere Form des Talamtes wurde der Burg im Stil der Neo-Renaissance angeglichen. 1911 bis 1913 entstanden Wehrgang und Kuppelsaal. Zur gleichen Zeit erfuhr auch der Torturm, der an der Stadtseite das Wappen des Erzbischofs Albrecht trägt, einen Ausbau.

▼ Die Vierflügelanlage der Moritzburg

▶▲ Das historische Festzimmer des Talamtes von 1616

▶▲ Die Magdalenenkapelle

▶▼ Ostflügel der Moritzburg, Portal mit der Figur der hl. Katharina und Lazarettgebäude

Alter Markt

An der Stelle des Alten Marktes lag die wohl erste Siedlungsstätte des Ortes Halla. Hier war einst mit einem Fernhandelsmarkt das Zentrum der Stadt mit erstem Rathaus, Michaeliskapelle und Ritterhöfen der Ratsherren, Pfänner und Fernhandelskaufleute. Hier befinden sich Ausspannhöfe, z. B. der „Goldene Stern“ (Nr. 7). Die Sage berichtet, dass vor langer, langer Zeit der Kaiser Halle besuchen wollte. Er sollte natürlich gebührend und eindrucksvoll empfangen werden. Die heutige Rannische Straße, durch die der Kaiser in die Stadt ziehen sollte, wurde über und über mit Rosen bestreut. Doch ein Saalehochwasser verhinderte wohl diese gewählte Route und der Kaiser kam nicht durch das Rannische Tor, sondern von der anderen Seite her, durch das Schiefertor, in die Stadt. Die Menschen an der Straße, schon ungeduldig vom langen Warten, hörten plötzlich Hufgetrappel aus Richtung Glaucha und begannen zu jubeln. Doch statt des Kaisers marschierte ein Müllersbursche (oder gar ein Gehilfe der Salzsieder?) mit seinem Esel auf den Rosen daher. Die Hallenser lachten und setzten dem Jungen erst in Worten und später in Stein ein Denkmal. Von der Sage kündet heute der Eselsbrunnen, den 1913 Hermann Keiling entwarf, in der Mitte des kleinen Platzes.

◂ Immer wieder wird der Eselsbrunnen von Hallensern liebevoll geschmückt.

▾ Am ehemaligen Gasthaus „Zum Goldenen Pflug“ wurde einst vom Ladenbesitzer Hermann Luther eine Figur seines Namensvetters Martin Luther aus Anlass von dessen 450. Geburtstag angebracht. Allerdings hält er hier keine Bibel, sondern ein Kassenbuch.

Neue Residenz

Es ist Kardinal Albrecht, dem Halle dieses architektonische Kleinod, eines der bedeutendsten der Frührenaissance in Mitteldeutschland, verdankt. Er ließ 1531–1537 das Ensemble, damals noch „Neuer Bau" genannt, errichten. Albrecht plante sogar, hier eine katholische Universität unterzubringen. Architekt war Andreas Günther, Generalbaumeister des Erzbistums Magdeburg. Auch der Bauleiter des Domes, Bastian Binder, war wohl involviert. Es entstand eine vierflüglige, zweigeschossige Anlage mit Arkadenhof, Lustbad und Brunnen. Über der Eingangspforte befindet sich das Wappen Albrechts.

Umbauten im 18. und 19. Jahrhundert haben das Gesicht der Neuen Residenz stark verändert. Bauteile wurden entfernt, z. B. die Erker und Balkone der Saalefront, die dennoch eindrucksvoll anzuschauen ist (vom Robert-Franz-Ring her). Am Fuße existierte einst ein Lustgarten. Viele der recht flachbogigen Arkaden im Innenhof sind zugesetzt. Dennoch spürt man hier, vor allem an lauen Sommerabenden, eine ganz besondere Atmosphäre, die auch häufiger für kulturelle Veranstaltungen genutzt wird.

Mehrfach umgebaut (und umgenutzt) wurde auch die 1537/38 errichtete Kapelle „Aller Heiligen" an der Nordseite, die vom Übergang von der Gotik zur Renaissance berichtet. Der Nordflügel enthält zudem ein romanisches Portal des einstigen Klosters Neuwerk, aus dessen Abbruch ein erheblicher Teil der Baumaterialien stammte. Der Ostflügel zeigt ein Portal der Spätrenaissance.

Im vorderen Teil der Neuen Residenz ist das 1934 eröffnete Geiseltalmuseum untergebracht, das mit seinen im ehemaligen Braunkohleabbaugebiet Geiseltal gefundenen Exponaten einen Eindruck von der eozänen Zeit (von vor rund 56 Millionen Jahren bis vor etwa 34 Millionen Jahren) vermittelt. Ein besonderes Ausstellungsstück ist das „Urpferdchen" (Propalaeotherium isselanum).

▲ Die Neue Residenz

▼ Blick auf die Neue Residenz mit der Gerbersaale und der Klausbrücke, links der Dom zu Halle

Leipziger Turm, Hansering, Landgericht

Ein kleines Bilderbuch der Geschichte öffnet sich am Hansering. Verschiedene Zeiten hinterließen hier ihre Spuren. Hinter dem Ende des 19. Jahrhunderts gebauten Gebäude der Kaiserlichen Ober-Post-Direktion steht das sogenannte Fahnenmonument. Errichtet wurde es 1967 anlässlich des 50. Jahrestages der Oktoberrevolution und war einst markanter Bestandteil des Platzes für sozialistische Aufmärsche und Kundgebungen. Abriss oder Erhaltung des Monumentes waren lange umstritten. Inzwischen ist die Fahne farbig neu gefasst und akzeptiert.

Nicht weit entfernt, am südlichen Ende des Hanserings, erhebt sich der im 15. Jahrhundert aus Bruchstein gemauerte, rund 44 Meter hohe freiste-

▶ Blick vom Hansering auf die oberhalb verlaufende Wilhelm-Külz-Straße. Dahinter befindet sich der Stadtgottesacker.

▶▶ Der Leipziger Turm

▼ Gebäude der Kaiserlichen Ober-Post-Direktion vom Joliot-Curie-Platz aus

hende Leipziger Turm. Er gehörte als wohl größter Turm zu den ausgeklügelten Befestigungsanlagen der Stadt und ermöglichte einen weiten Blick über und vor die Stadt. Seine welsche Haube erhielt der Turm in der zweiten Hälfte des 16. Jahrhunderts. Einst befand sich direkt neben dem Turm das Galgtor, das zum Galgenberg führte.

Eines der wohl imposantesten Gebäude der Stadt ist das Landgericht am Hansering, in den Jahren 1903 bis 1905 erbaut. Es verbindet auf eine recht harmonische Weise Formen der Neogotik, der Neorenaissance und des Jugendstils. Neben der reich geschmückten Fassade wartet der Bau auch im Inneren mit eindrucksvollen Überraschungen auf: Er besitzt eine doppelte Wendeltreppe und eine rund 42 Meter hohe Kuppelhalle mit einem Durchmesser von rund 20 Metern. Die Architekten waren Paul Thoemer und Karl Illert.

◄ Das Fahnenmonument

►► Portal und Giebel des überaus reich geschmückten Gerichtsgebäudes

▼ Das Langericht am Hansering

Stadtgottesacker

Mit dem Stadtgottesacker präsentiert sich eine zauberhafte Anlage im Stil eines geschlossenen Campo Santo (ital.: Heiliges Feld), wie man sie nördlich der Alpen wohl kein zweites Mal findet.

Nach einst epochalen Erkenntnissen, die vor allem vor Seuchengefahren warnten, die von innerhalb der Stadtgrenzen gelegenen Friedhöfen ausgingen, wurden die Begräbnisstätten auf dem Marktplatz aufgegeben. In Halle war es Kardinal Albrecht, der 1529 dafür die Order gab. Als neuen Standpunkt wählte man den außerhalb der Stadt gelegenen Martinsberg. Hier entstand ab 1557 unter Leitung des Ratsbaumeisters Nickel Hoffmann ein faszinierendes Zeugnis der Renaissance. Hoffmann ließ vor einer 5 bis 6 Meter hohen Schutzmauer eine vierflüglige Anlage mit 94 Grabbogengewölben errichten, von denen jedes mit einem kunstvollen Eisen- oder Holzgitter versehen war. Alle Bestattungsplätze waren zunächst Eigentum der Stadt und durchnummeriert. Begüterte Bürger konnten sich hier eine Grabstelle kaufen oder mieten. Auch Gelehrte, Wissenschaftler und Berühmtheiten haben ihre letzte Ruhestätte auf dem Gottesacker gefunden, so Georg Händel, der Vater des Komponisten, Christian Thomasius, August Hermann Francke, Robert Franz, Friedrich Hoffmann oder August Hermann Niemeyer.

Bis etwa 1860 standen die Särge noch frei in tiefen offenen Grüften. Danach wurden diese aus hygienischen Gründen mit Erde verfüllt. Ab 1822 erfolgten auch auf dem Innenfeld der insgesamt 113 x 123 x 129 x 150 Meter messenden Anlage Bestattungen. Im 18. und im 19. Jahrhundert wurde der Friedhof nach Osten und nach Norden hin erweitert. Die Felder über den Bögen und die Pfeiler zeigen Rankenornamente, teilweise Putten und Fantasiegestalten. Die Rundbögen zitieren Bibelverse.

Schwer beschädigt wurde der Stadtgottesacker im März 1945 durch Bombentreffer. Zu DDR-Zeiten verwahrloste er, nach teilweisem Aufbau in den 1950er Jahren, weiter. Erst nach der Wende konnte die Anlage umfassend saniert werden. Dies ist dem Engagement hallescher Bürger, der 1990 gegründeten „Stiftung Stadtgottesacker“ und einer überaus großzügigen Spende von Marianne Witte, Tochter des in den 1930er Jahren auch in Halle tätigen und späteren Chemienobelpreisträgers Karl Ziegler, zu verdanken. Marianne Witte ist heute Ehrenbürgerin der Stadt. Noch immer kann man Sanierungsarbeiten an den Bögen der Anlage beobachten. Seit 2001 finden auch wieder Urnenbeisetzungen in ausgewählten Grüften statt.

► Historische Grabbogengewölbe auf dem Stadtgottesacker

▼ Blick zum Eingangsturm

Halla Sacra

Die hl. Ursula mit Begleiterinnen, Detail des spätgotischen Hauptaltars in der Moritzkirche

Dom zu Halle

Die Bezeichnung „Dom“ verwundert etwas, war die Kirche doch nie Hauptsitz eines Bistums. Dennoch heißt der Dom seit dem 16. Jahrhundert Dom. Das weithin weiß leuchtende Gotteshaus ohne Querhaus hat eine wechselvolle Patroziniengeschichte. Als Dominikaner-Klosterkirche war es St. Pauli zum Heiligen Kreuz geweiht, 1523 weihte man es unter Kardinal Albrecht zur bischöflichen Kollegiatstiftskirche „St. Mauritius und St. Maria Magdalena zum goldenen Schweißtuch des Herrn“. Später nutzte man die Kirche als Dom- und Schlosskirche zur heiligen Dreifaltigkeit. Heute sagt man „Dom zu Halle“.

Kardinal Albrecht erkor die ehemalige dominikanische Klosterkirche (1271 begonnen) zum Sitz seines „Neuen Stiftes“, ließ sie umbauen und nutzte sie ab 1520 für die Aufbewahrung seiner umfangreichen Reliquien- und Kunstschätze („Hallesches Heilthum“).

Als beabsichtigte Grabstätte des Kardinals entwickelte sich die Kirche alsbald zum zweitwichtigsten Sakralbau des Erzbistums Magdeburg. Bauleiter war Steinmetzmeister Bastian Binder, der zuvor als Dombaumeister in Magdeburg gewirkt hatte. 1523 wurde die Kirche neu geweiht.

Das äußere Erscheinungsbild des Domes ist geprägt durch den Kranz von 28 Rundbogengiebeln aus dem Jahr 1524, der wie eine überdimensionale Krone wirkt und so erstmalig in Deutschland vorkommt. Von den Klausurgebäuden im Norden blieb lediglich ein kleiner Teil des Kreuzganges erhalten. An der Südseite befindet sich die Kopie eines Renaissance-Portals (das Original ist in der Moritzburg). Ein weiteres Portal von 1523 ist am Durchgang zur Sakristei zu finden.

▲ Der Dom von Südosten
► Mittelschiff nach Osten
▼ Renaissance-Kanzel mit Blick zur Orgel
►► Emporenfiguren im Dom (Details)
►►► Renaissance-Kanzel

Den Innenraum, eine langgestreckte Pfeilerhalle (ca. 68 x 20 Meter) mit leicht erhöhtem Mittelschiff, acht querrechteckigen Jochen und schlichtem frühgotischem Kreuzrippengewölbe prägen glatte Achteckpfeiler ohne Kapitelle. Die Gewölbekonsolen des Langhauses sind farbig gefasst und abwechslungsreich gestaltet. Der Chor ist – dem dominikanischen Ursprung geschuldet – recht klein dimensioniert. Von der mittelalterlichen Ausstattung hat sich an der Nordwestwand die Grabplatte einer adligen Frau (um 1380/90) erhalten.

Als Kardinal Albrecht 1541 Halle verlassen musste, nahm er auch den größten Teil der Ausstattung „seines“ Domes mit. In Halle verblieben nur Kanzel, Apostelfiguren, das Chorgestühl (1525) mit seinen eindrucksvollen Wangenreliefs und zwei Weihetafeln von 1523 (eine von Peter Schro, Schüler des Mainzer Bildhauers Hans Backofen) an der Nordwand. Die Kanzel (1526) zeigt an der Treppenwange die Kirchenväter. Die Züge des hl. Georg weisen eine auffällige Ähnlichkeit mit Kardinal Albrecht auf. Von hoher Qualität ist der Zyklus der 17 überlebensgroßen Pfeilerfiguren mit Konsolen und Baldachinen aus rheinischem Tuffstein. Sie stammen aus der Werkstatt von Peter Schro und zeigen Christus und die Apostel, einschließlich Paulus, Mauritius, Maria Magdalena und Erasmus. Der Zyklus ist eines der Hauptwerke der Großplastik am Übergang von der Spätgotik zur Renaissance.

Nach dem Weggang Albrechts erhielten die Dominikaner die Kirche zurück und nutzten sie bis 1561. Dann machten die Administratoren des mittlerweile aufgelösten Erzbistums Magdeburg aus ihr ihre Hofkirche. Herzog August von Sachsen ließ den Dom 1644–1671 frühbarock umgestalten und stiftete 1662 die hohe Altarschauwand im Chor. Die zur gleichen Zeit eingefügten und ins Mittelschiff ragenden Emporen wurden im 19. Jahrhundert bis zur Mitte der Pfeiler zurückgebaut, der reiche Schmuck wurde reduziert. Im Jahr 1688 erhielt die Gemeinde der deutsch-reformierten Pfälzer den Dom zur Nutzung. Noch heute dient er der evangelisch-reformierten Gemeinde als Gotteshaus.

Moritzkirche

Die spätgotische, 7-jochige Hallenkirche St. Moritz (Moritz = Mauritius, Schutzheiliger des Erzbistums Magdeburg) ist die älteste Pfarrkirche der Altstadt. Schon im 12. Jahrhundert existierte hier ein Gotteshaus für die Salzwirker und Bornknechte. Durch Conrad von Einbeck, Verehrer des Baumeisters des Prager Veitsdomes, Peter Parler, ließen Pfänner und Salzjunker 1388 Pläne für die Neuerrichtung der Kirche entwerfen und umsetzen. Der Bau dauerte bis 1511. Die Westhälfte der Kirche wirkt schlichter, was für ein Verebben der Geldmittel spricht. Der Ostteil (besonders aber der Hauptchor) wartet mit reichhaltigem Schmuck wie Blendarkaden, Türmchen oder Wasserspeiern auf. Das nordöstliche Portal, der Halloreneingang mit einem Halloren als Bekrönung, ist eine Replik des Originals, das sich heute, ebenso wie anderer Bauschmuck der Kirche, in der Moritzburg befindet. Von der Klausur an der Südseite hat sich die 3-jochige Vorhalle erhalten. An der Nordseite befindet sich ein Rest der mittelalterlichen Stadtmauer.

Auch im Kircheninneren sind beide Bauabschnitte gut erkennbar (Chorraum und vier anschließende Pfeilerpaare Anfang 14. Jahrhundert, schlichterer Westteil des Langhauses 15. Jahrhundert). St. Moritz enthält wertvolle Ausstattungsstücke aus der Hand des Conrad von Einbeck: die Statue des Kirchenpatrons Mauritius am zweiten östlichen Pfeiler, im Volksmund „Schellenmoritz“, datiert auf den 20. September 1411, Weihedatum der Kirche; der Schmerzensmann im nördlichen Nebenchor (1416); links davon die Schmerzensmaria; das bemerkenswerte, mit sehr realistischen Zügen versehene Selbstporträt (?) des Meisters (Büste); ein kleines Relief mit der Anbetung der Heiligen Drei Könige an der nördlichen Chorwand; Christus an der Geißelsäule im südlichen Nebenchor (um 1420).

Der qualitätvolle spätgotische Hauptaltar, ein Wandelaltar, stammt vom Anfang des 16. Jahrhunderts. Schreinfiguren und Gemälde zeigen allerdings andere stilistische Merkmale und waren wohl ursprünglich in anderen Zusammenhängen verarbeitet. Als Schöpfer des Altars wird in einer Urkunde „Georgium ihener de orlamunde“ genannt. Die Predella berichtet von Kreuzabnahme, Grablegung und Auferstehung Christi. Bei geöffneten Flügelpaaren sieht der Betrachter die Madonna mit dem Kind, die Kreuzigung und Maria Magdalena. In den unteren seitlichen Nischen sind ein Schmerzensmann und der heilige Mauritius zu sehen. Die Tafelbilder zeigen die heilige Ursula und den heiligen Mauritius, jeweils mit zwei Begleitern. Nach dem Schließen des ersten Flügelpaares werden Christus als „salvator mundi“ und Maria sichtbar. Auf den Flügeln folgen weitere Heilige, u. a. Katharina, Petrus und Paulus. Die vier Kirchenväter zeigen sich nach der Schließung des zweiten Flügelpaares. Hinzu kommen erneut Katharina und Mauritius. Das kunstvolle Gesprenge, u. a. mit Christus zwischen Johannes dem Täufer und Maria, wird durch die Madonna mit dem Kind bekrönt.

Die Kanzel (um 1600) weist Formen der Spätrenaissance auf. Der Korpus aus Sandstein mit Episoden aus dem Leben Christi wurde 1592 von Zacharias Bogenkranz datiert und signiert. Reliefs am Aufgang schildern die Erschaffung Evas, den Sündenfall, die Vertreibung aus dem Paradies und das Jüngste Gericht. 1604 fertigte der Leipziger Valentin Silbermann den Schalldeckel.

Die aus der Sauer-Werkstatt kommende Orgel wurde 1924 geweiht, später stark umgebaut und in DDR-Zeiten vernachlässigt. Engagierte Hallenser gründeten einen Förderverein für die Wiederherstellung des Instrumentes.

◄ Die Moritzkirche von der Hochstraße aus

► Moritzkirche, Mittelschiff nach Osten

►► Die Moritzkirche birgt wertvolle Ausstattungsstücke aus der Hand des Conrad von Einbeck:
Büste mit sehr realistischen Zügen (um 1420),
Schmerzensmaria (um 1420),
Schmerzensmann (1416),
Christus an der Geißelsäule (um 1420),

►►► Statue des Kirchenpatrons Mauritius (1411).

Marktkirche und Marienbibliothek

Vier der fünf Türme des halleschen Wahrzeichens gehören zur Marienkirche Unser Lieben Frauen (Marktkirche). Nach Abriss zweier Vorgängerkirchen wurde zwischen die erhaltenen Turmpaare das neue Kirchenschiff gebaut (1529/54). Die Kirche sollte als Prunkbau Kardinal Albrechts gegen die Reformation fungieren. Das von Kaspar Kraft begonnene Werk vollendete Nickel Hoffmann. Das Gotteshaus ist eine spätgotische dreischiffige Hallenkirche mit spätromanischen Ost-, spätgotischen Westtürmen und Elementen der Renaissance (Emporen, Treppen, Arkaden). Die Hausmannstürme im Osten sind durch einen Steg verbunden und beherbergten bis 1916 die Unterkunft für einen Türmer, der Alarm schlagen sollte bei Feuer, Hochwasser und Feindannäherung. Im Nordturm war das Wohnzimmer, im Südturm das Schlafzimmer.

In St. Marien predigten Justus Jonas und Martin Luther. Der Leichnam des Reformators wurde im Februar 1546 bei der Überführung von Eisleben nach Wittenberg eine Nacht und einen Tag hier aufgebahrt. Dabei soll auch ein Abdruck von Gesicht und Händen angefertigt worden sein. Immerhin: Eine Totenmaske kann besichtigt werden. Die Kirche birgt eine hochwertige Ausstattung vornehmlich des 15. und 16. Jahrhunderts. Auf der Reichel-Orgel auf der Ostempore (1663/64) erlernte Georg Friedrich Händel das Orgelspiel. Der große Wandelaltar (1529) stammt aus der Werkstatt Lucas Cranachs d. Ä. – im Mittelpunkt Maria auf der Mondsichel mit dem Kind und als Stifter Kardinal Albrecht, auf den Flügeln die Heiligen Mauritius und Alexander. Das große Lünettenbild von Heinrich Lichtenfelder (1593) an der Ostwand erzählt von der Entsendung der Apostel in alle Welt. Die Orgel auf der Westempore baute Christoph Cuntius (1713/16). Johann Sebastian Bach, Vater des „Halleschen Bachs" Wilhelm Friedemann, nahm sie in Betrieb. Werkeinheitlich mit einem Pfeiler entstand 1541 die Kanzel aus Sandstein in der Werkstatt Nickel Hoffmanns. Zwar in spätgotischen Formen, zeigt sie schon Details der Renaissance. Der hölzerne Schalldeckel wurde 1596 von Heinrich Heidenreitter und Heinrich Lichtenfelser gefertigt. Leider nur zum Teil erhalten ist das Gestühl aus Eichenholz aus der Werkstatt Antonius Pauwaerts in Ypern (1561/95). Das Brautgestühl hinter dem Altar stammt von 1595, das moderne Kruzifix links davor fertigte 1976 der Halberstädter Johann-Peter Hinz. Über dem Treppentürmchen außen in der Nordostecke illustriert ein Relief (1583) wohl erstmals die Sage vom „Esel, der auf Rosen geht".

Zur Marktkirche gehört die Marienbibliothek. Sie wurde 1552 von Oberpfarrer Sebastian Boetius gegründet und ist die älteste und größte Kirchenbibliothek Deutschlands. Heute befindet sie sich in einem Neubau von 1887/88 im Hof der Pfarrhäuser (An der Marienkirche 1) und umfasst rund 30 000 Bände, vor allem aus dem 15. bis 18. Jahrhundert, darunter über 430 Inkunabeln, mehr als 300 Handschriften und 229 Urkunden aus dem 13. bis 18. Jahrhundert. Bibeln mit handschriftlichen Bearbeitungen Martin Luthers gehören ebenso zum Bestand wie geschlossen erhaltene Gelehrtenbibliotheken.

▶ Blick zur Kanzel und zur Orgel

▼ Der Marienaltar, erste Wandlung: Maria Magdalena mit Salbgefäß, Johannes Evangelist mit Schlangenkelch, Augustinus mit pfeildurchbohrtem Herzen, Katharina von Alexandrien mit Rad und Schwert

WERDET·VOLL·GEISTES·VND·REDET·VNTEREINANDER·IN·PSALMEN·VND·LOBGESAENGEN·VND·GEISTLICHEN·LIEDERN·SINGET·VND·SPIELET·DEM·HERRN·IN·EVERN·HERZEN

Pauluskirche

Zentrum des gegen Ende des 19. Jahrhunderts entstandenen Paulusviertels ist zweifelsohne die recht kompakt wirkende Pauluskirche, die sich weithin sichtbar auf dem ehemaligen Hasenberg erhebt. Geweiht wurde die vom Berliner Baurat Schultze entworfene Kirche am 6. September 1903 im Beisein der Kaiserin Auguste Victoria. Eindrucksvoll ist der Aufstieg zur Kirche: Vom Rathenauplatz aus führt im Westen eine 7,50 Meter breite Freitreppe zum Portal. Längs- und Querhaus der der Backsteingotik nachempfundenen Kirche ergeben ein lateinisches Kreuz. Der Turm über dem Schnittpunkt von Quer- und Langhaus überragt das Fußbodenniveau der Kirche um 60 Meter. Das Innere dieser typischen evangelischen Predigtkirche ist komplett gewölbt (bis auf das Sterngewölbe in der Kuppel im Kreuzgratgewölbe) und besticht durch seine harmonische Farbgebung. Das ist besonders bemerkenswert, da bei Renovierungsarbeiten 1972 das gesamte Kircheninnere weiß übertüncht wurde. Bei der Restaurierung 2003 wurde daher besonders darauf geachtet, die einstige Ausmalung des Kircheninnenraumes in der originalen Farbfassung wiederherzustellen. Über den Seitenemporen befinden sich große Maßwerkfenster. An der Nordseite sind in den Rosetten die Evangelisten Lukas und Johannes und darüber die Bekehrung des Paulus zu sehen. Die Südseite zeigt die Evangelisten Matthäus und Markus sowie ein Bild mit der Predigt des Paulus in Rom. Das runde Fenster über der Orgel bildet David mit der Harfe ab. Flankiert wird er von musizierenden Engeln in den Seitenfenstern. Die Chorfenster versinnbildlichen die christlichen Hauptfeste Weihnachten, Ostern und Pfingsten.

Um die Pauluskirche herum verläuft als Ring der Rathenauplatz. Von ihm aus gehen wie Strahlen die Straßen in das mittlerweile in weiten Teilen sanierte Viertel ab. Hier finden sich Häuser u. a. im Gründerzeit-, Jugend- und Bauhausstil.

▶ Pauluskirche

▼ Blick auf das Paulusviertel. Aus der Vogelperspektive ist der rund angelegte Stadtteil deutlich zu erkennen.

Stadt des Wissens

Die historische Kulissenbibliothek der Franckeschen Stiftungen zu Halle ist der älteste noch existierende Bibliothekszweckbau Deutschlands.

Martin-Luther-Universität Halle–Wittenberg mit ihren Bibliotheken und Sammlungen

Die Universität, wie wir sie heute als Institution finden, ging 1817 aus dem Zusammenschluss der 1502 gegründeten Wittenberger und der 1694 gegründeten Hallenser Universität hervor. Dem waren die vorübergehende Schließung der halleschen Universität (1806–1808) und 1813 die Schließung der Wittenberger Alma Mater durch Napoleon sowie die territoriale Neuordnung nach den Napoleonischen Kriegen vorausgegangen. Während in Wittenberg einst mit Martin Luther und Philipp Melanchthon die Köpfe der Reformation lehrten, machten um 1700 Christian Thomasius und Christian Wolff die „Alma Mater Fridericiana Hallensis" zu einem Zentrum der deutschen Aufklärung. Noch heute trägt die Universität mit ihren zahlreichen in der Stadt verstreuten Instituten, deren Herz auf dem Campus am Universitätsring schlägt, ein Doppelsiegel, das stolz von den beiden Wurzeln kündet.

War es in frühen Jahren üblich, dass die Professoren ihre Vorlesungen für die Studenten in ihren Häusern hielten, wurde es spätestens nach dem Zusammenschluss der Universitäten und durch ständig wachsende Studentenzahlen notwendig, ein repräsentatives und organisatorisch besser zu handhabendes Universitätszentrum zu schaffen. 1832 bis 1834 entstand nach Plänen von Ernst Friedrich Zwirner und Wilhelm Heinrich Matthias das erste Gebäude eines ganzen Komplexes: das spätklassizistische Universitätshauptgebäude, wegen der von zwei Löwen flankierten Eingangstreppe auch Löwengebäude genannt. Die Kolossalgemälde im Vestibül zeigen Friedrich III., Kurfürst von Brandenburg, Gründer der Universität Halle, und Friedrich III. von Wettin, Gründer der Leucorea der Universität Wittenberg. Das Akanthusrankengeländer des Treppenhauses entstand nach Entwürfen Schinkels. Auf den umlaufenden Gängen finden sich Gelehrtenbüsten und Wandmalereien, in der repräsentativen Aula Gemälde mit Porträts berühmter Professoren und Rektoren des 18. Jahrhunderts.

▲ Löwen bewachen den Eingang des Hauptgebäudes der Universität.

▶ Treppenaufgang im Löwengebäude, in der Bildmitte die Büste von Christian Thomasius, der mit Christian Wolff die hallesche Alma Mater zu einem Zentrum der deutschen Aufklärung gemacht hat.

▼ Das Löwengebäude, vom Juridicum aus gesehen

Rechts neben dem Löwengebäude, höher gelegen, befindet sich das im historisierenden Stil ab 1889 errichtete Robertinum (Universitätsplatz Nr. 12), das neben einer beeindruckenden Bibliothek den Lehrstuhl für Klassische Archäologie und das Archäologische Museum der Universität beherbergt. Der Bau ist seit 1922 nach dem Altertumswissenschaftler Carl Robert benannt.

An der Stirnseite des einladenden Platzes steht das 2002 eingeweihte AudiMax (Auditorium Maximum) mit drei Hörsälen, dessen größter bis zu 520 Hörerinnen und Hörer fasst. Ebenso beeindruckend ist das neue Juridicum, in dem bis spät nachts noch die leuchtenden Leselampen an den Pulten vom Fleiß der Studierenden künden. Weiterer Teil des Ensembles ist mit der Adresse Universitätsplatz Nr. 9 das Melanchthonianum, das 1900 bis 1902 als Institutsgebäude in bewusster Bezugnahme zum Hauptgebäude errichtet wurde. Ihm folgt, genau gegenüber vom AudiMax, das Thomasianum (Universitätsplatz Nr. 10 a), 1910/11 ebenfalls passend zu den anderen Gebäuden errichtet und heute Sitz des Rektors der Universität.

Den Schluss des Gebäudereigens am Campus bildet die „Burse zur Tulpe". Burse (= Beutel, Börse, Gemeinschaftskasse) meint hier ein Gemeinschaftsgebäude (oder Studentenhaus) nach dem Vorbild der Pariser Kollegien mit Wohn-, Studier- und Essräumen für die sogenannten „Bursgesellen" (später „Burschen"). Die Hallenser Burse zur Tulpe wurde 1843 gegründet. 1919 erwarb die Universität das Gebäude und ließ es 1928 unter Mitwirkung von Charles Crodel und Gerhard Marcks erweitern. Das dabei entstandene Musikzimmer wurde 1936 zerstört, Crodels Wandmalerei „Improvisationen über Leben und Tod" ist seit 1993 wieder zu sehen.

Mit einem Bestand von mehr als 5,55 Millionen Einheiten, der sich auf die Zentrale Bibliothek und die 20 Zweigbibliotheken verteilt, ist die Universitäts- und Landesbibliothek (ULB) die größte wissenschaftliche Allgemeinbibliothek Sachsen-Anhalts. Rund 1,1 Millionen Leihvorgänge pro Jahr werden von den Mitarbeitern abgewickelt. Schon 1696 wurde eine Universitätsbibliothek in Halle gegründet. Das heutige Hauptgebäude wurde 1878 als Magazinbau errichtet, der auch im Inneren mit seiner durchaus musisch-inspirierenden Gestaltung zu überraschen vermag.

► Universitätsmuseum im Löwengebäude

► Blick ins Archäologische Museum im Robertinum

▼ Sessionssaal (ehemaliger Senatssaal)
im Löwengebäude

▲ Die Universität verfügt über zahlreiche Sammlungen. Von besonderer Attraktivität sind die Meckelschen Sammlungen. 1779 brachte Philipp Friedrich Theodor Meckel (1756–1803) die anatomischen Präparate seines Vaters Johann Friedrich Meckel d. Ä. von Berlin nach Halle und ergänzte sie vor allem mit Exponaten von Fehlbildungen und verschieden weit entwickelten Embryos. Als Philipp Friedrich Theodor Meckel starb, wurde er auf seine Verfügung hin seziert. Dabei entdeckte man, dass er ebenfalls eine Art anatomischer Exot war: Er hatte ein zusätzliches Rippenpaar! Man setzte sein Skelett zusammen und integrierte es in die Bestände. Noch heute ist es in einem Schrank in den Sammlungen am Institut für Anatomie und Zellbiologie der Universität in der Großen Steinstraße 52 zu sehen. Sein Sohn, Johann Friedrich Meckel d. J. (1781–1833), avancierte zum Begründer der Missgeburtenforschung und erweiterte die Sammlung auf rund 12 000 Präparate. 1836 verkaufte seine Witwe die Exponate an die Universität. Skeletale Überreste von Johann Friedrich Meckel d. J. befinden sich ebenfalls in einem kleinen Schrein der Sammlungen.

▲ In Halle ist die älteste Gelehrtengesellschaft Deutschlands, die Leopoldina (Deutsche Akademie der Naturforscher), ansässig. Ihre Geschichte begann 1652 in Schweinfurt, als Ärzte die „Academia Naturae Curiosorum“ ins Leben riefen. Kaiser Leopold I. erhob die Gelehrtengesellschaft 1687 zur Reichsakademie. Seitdem nannte sich die Gesellschaft „Sacri Romani Imperii Academia Caesareo-Leopoldina Naturae Curiosorum“. 1878 siedelte sich die Leopoldina in Halle an und eröffnete 1904 hier eine Bibliothek. Vor einer großen Herausforderung stand die Vereinigung nach dem Zweiten Weltkrieg, als es galt, gegenüber der sowjetischen Besatzungsmacht und später der Obrigkeit der DDR den unabhängigen Status zu wahren. Die Leopoldina ist mit ihren über 1300 Mitgliedern in mehr als 30 Ländern nicht nur die älteste, sondern auch die mitgliederstärkste Akademie in Deutschland, die zudem 2008 zur Nationalen Akademie der Wissenschaften ernannt wurde. Seit 2012 hat die Leopoldina ihren Sitz in dem traditionsreichen Gebäude (u. a. gehörte es einst der Freimaurerloge „Zu den Drei Degen“) auf dem Jägerberg gegenüber der Moritzburg.

▼ ▶ Universitäts- und Landesbibliothek

▶ ▶ Lesesaal der Bibliothek im Juridicum

Francksche Stiftungen

August Hermann Francke (1663–1727) wurde als Sohn des Juristen und Syndikus beim Domkapitel des Stifts und der gesamten Landstände des Fürstentums Ratzeburg, Johann Francke, geboren. Er studierte in Erfurt, Kiel, Wittenberg und Leipzig. In Halle war er Professor für Griechisch und Orientalische Sprachen, später auch für Theologie. In Halle geriet Francke in heftigen Streit mit den Vertretern des lutherischen Glaubens. Von 1692 bis 1715 war er Pfarrer in Halles Vorstadt Glaucha. Sein eigentliches Lebenswerk aber war die Begründung der Franckeschen Stiftungen.

August Hermann Franckes pietistische Weltanschauung (gottgefällig, strenggläubig, obrigkeitstreu, gehorsam) bewog ihn, sich die Genehmigung des Kurfürsten von Brandenburg zum Bau eines Waisenhauses für „arme Leute und Waisenkinder" einzuholen. Am 18. September 1698 wurde der Grundstein gelegt für die Schulstadt mit sozialem Gepräge und eigener Infrastruktur, von deren einstigen Ausmaßen das 110 Meter lange größte Fachwerkhaus Europas zeugt.

Nach der Schulzeit gingen die Zöglinge der Einrichtung als Theologen, Pädagogen, Mediziner auf Wanderschaft. Sie halfen, den Bestand des ältesten deutschen Museumsraumes, der Wunderkammer, zu mehren. Die Kunst- und Naturaliensammlung ließ Francke Ende des 17. Jahrhunderts zu Unterrichtszwecken anlegen. Die Schüler sollten hautnah die Wunder der Welt erleben. 1734 wurde die Sammlung im Dachgeschoss des historischen Waisenhauses und heutigen Hauptgebäudes untergebracht, wo sie sich noch immer befindet. Die Ordnung stammt vom Maler und Kupferstecher Gottfried August Gründler, der auch die prachtvollen Schränke schuf. Zu sehen sind Naturalien, Artefakte und Kuriositäten, etwa ein Krokodil, Walknochen, Totenwachsmasken, Schiffsmodelle aus der Zeit um 1700 und vieles mehr. Im gleichen Haus zeigt das Waisenhauskabinett eine Ausstellung zu Leben und Werk Franckes. Die Kulissenbibliothek (Haus 22) ist der älteste noch existierende Bibliothekszweckbau Deutschlands. 1728 im dafür errichteten Gebäude eingezogen und über die Zeit gewachsen, präsentiert sie sich nach einer Restaurierung in den 1990er Jahren wieder in ursprünglicher Gestalt.

Nachdem die Gebäude zu DDR-Zeiten verfielen und einen mehr als traurigen Anblick boten, zeigen sich die Franckeschen Stiftungen wieder in ihrer schlichtschönen Größe. Mittlerweile haben zahlreiche wissenschaftliche und kulturelle Einrichtungen von Rang hier ihre Heimat.

▸ Der idyllische Lindenhof der Franckeschen Stiftungen führt vom Hauptgebäude etwas bergan zum Denkmal für August Hermann Francke (1663–1727).

▾ Die Franckeschen Stiftungen mit dem 110 Meter langen größten Fachwerkhaus Europas

AUGUST HERMANN FRANCKE
ER VERTRAUETE GOTT.

▲ Der Lindenhof zur Rückseite des Hauptgebäudes hin

◀ Schülerinnen des Landesgymnasiums „Latina August Hermann Francke“

▶ Blick in die Kunst- und Naturalienkammer

▼ Das Hauptgebäude der Franckeschen Stiftungen, das Historische Waisenhaus, wurde zwischen 1698 und 1700 errichtet.

No IV D

Heimstatt der Musen

Stiftung Moritzburg, Kunstmuseum des Landes Sachsen-Anhalt, Blick in den Ausstellungsbereich mit Exponaten aus eigenen Beständen

Stiftung Moritzburg – Kunstmuseum des Landes Sachsen-Anhalt

Schon im 19. Jahrhundert begann die Zeit der Träume von einer Wiedererrichtung des West- und Nordflügels der im Dreißigjährigen Krieg arg in Mitleidenschaft gezogenen Moritzburg. Karl Friedrich Schinkel z. B. entwarf 1829 eine Vision vom Ausbau der Ruine zum Universitätsgebäude, die aus finanziellen Gründen nicht umsetzbar war. Ferdinand von Quast, der preußische Staatskonservator, griff diese Pläne in den 1840er Jahren auf – mit ebenso wenig Erfolg. Um 1900 indes beschloss man eine Nutzung des Südflügels für das Städtische Museum, das in das 1904 hier wieder neu aufgebaute einstige Talamt einzog. Die äußere Form des Talamtes wurde der Burg im Stil der Neo-Renaissance angeglichen. 1911 bis 1913 entstanden Wehrgang und Kuppelsaal als Erweiterung des Museums. Zur gleichen Zeit erfuhr auch der Torturm einen Ausbau.

Mit der Zeit wuchs neben den historischen Sammlungen eine moderne Kunstsammlung, die die Moritzburg in den 1920er Jahren zu einem Zentrum des Expressionismus werden ließ und weithin bekannt machte. Lyonel Feininger schuf 1930/31 hier auf Einladung der Stadt seinen weltberühmten Halle-Zyklus, u. a. mit Ansichten vom Roten Turm, vom Dom und von der Marktkirche.

Die Kunst- und Kulturpolitik der Nationalsozialisten bereitete dieser Entwicklung mit der fast völligen Zerstörung der Sammlung ein jähes Ende. Auch Feiningers Werke erklärten sie zur „Entarteten Kunst“, die Halle-Ansichten wurden aus der Sammlung Galerie Moritzburg entfernt und konnten bis heute nicht wieder zusammengetragen werden.

Nach dem Krieg gelang es den Verantwortlichen, einige Werke der Klassischen Moderne nach Halle zurückzuholen. 1954 eröffnete im gotischen Gewölbe des Westflügels eine Ausstellung mittelalterlicher Sakralkunst. Heute verfügt das Museum fast über die gesamte Burg und kann seine Sammlungen neu präsentieren. Mit der Sanierung des Talamtes um das Jahr 2000 erwuchs auch der Wunsch von einer Nutzung des ruinösen Flügels neu und sollte diesmal nicht mehr verstummen.

2008 wurden nach einem Entwurf des spanischen Architektenduos Fuensanta Nieto und Enrique Sobejano die erneuerten West- und Nordflügel der musealen Bestimmung übergeben. Nun findet sich hier eine äußerst gelungene Verbindung der Baukunst vergangener Epochen mit architektonischen Visionen des 21. Jahrhunderts. Federleicht mutet schon von außen die helle Dachkonstruktion an. Im Inneren offenbart sich, dass die neu gewonnenen Räume durch eine behutsame Konstruktion förmlich in die Ruine gehängt wurden und so die alte Bausubstanz fast unberührt bleibt. In schwebenden Kuben sowie in weiten Sälen zeigt die Stiftung Moritzburg – Kunstmuseum des Landes Sachsen-Anhalt Bestände der Brücke-Sammlung Hermann Gerlingers und eigene Stücke, vornehmlich aus dem 19. Jahrhundert und aus der Gegenwart.

Auch von Feiningers Werken sind zahlreiche Zeichnungen, Skizzen und drei Gemälde, die wiederbeschafft werden konnten, zu sehen. Zudem eröffnen sich den Besuchern durch die neuen Konstruktionen Blickwinkel auf Halles Sehenswürdigkeiten, aus denen Feininger auf die Stadt geschaut haben mag.

▶ Die förmlich in das alte Gemäuer eingehängte neue Architektur bietet ganz neue Präsentationsmöglichkeiten für ein hochmodernes Museum.

▼ Das 2008 eröffnete West-/Nordeck der Moritzburg wurde nach Entwürfen des spanischen Architektenduos Fuensanta Nieto und Enrique Sobejano gebaut.

Händelhaus

Zahlreiche Verehrer des großen Komponisten aus nah und fern pilgern jährlich zum Händel-Haus. Das Gebäude wurde 1558 erstmals erwähnt. Durch Kauf ging es 1666 an Händels Vater über. Georg Friedrich Händel (1685–1759) ist ohne Frage der berühmteste Sohn der Stadt. Er komponierte u. a. 42 Opern und 26 Oratorien, darunter den „Messias" mit dem berühmten „Hallelujah". Jedes Jahr im Juni finden in Halle die Händel-Festspiele statt und locken Freunde seiner Musik aus aller Welt an.

Nach Wunsch des Vaters eigentlich zum Studium der Rechtswissenschaften bestimmt, erlaubte dieser dem Sohn aber letztlich doch eine gediegene musikalische Ausbildung beim Organisten der Marktkirche Friedrich Wilhelm Zachow. Der von Vater Georg medizinisch betreute Herzog Johann Adolph hatte dem alten Herrn eindringlich ins Gewissen geredet, nachdem er den Knaben auf der Orgel spielen gehört hatte.

Erst 17-jährig wirkte Händel für ein Jahr als Organist am Dom. Im Alter von 18 Jahren verließ er Halle. Sein Lebensweg führte ihn über Hamburg, Italien, wo er vor allem die Oper studieren konnte, nach Hannover und schließlich nach London. Hier gelangte er zu solcher Berühmtheit, dass man ihn 1759 sogar in der Westminster Abbey beisetzte.

Das Händel-Haus, in seinem Erscheinungsbild ein typischer Bau des frühen 18. Jahrhunderts, wurde 1947/48 grundlegend restauriert. Zum 300. Geburtstag 1985 wurde es um historische Nebengebäude erweitert und zum 250. Todestag 2009 nochmals umfassend renoviert. Im Inneren birgt das historische Bauensemble kunsthistorische Perlen, u. a. die gut erhaltene „Bohlenstube" und eine Renaissance-Decke. Auf 550 Quadratmetern verteilt auf zwei Etagen widmen sich 14 Räume dem Leben und Wirken des berühmten Barockkomponisten. Erwähnenswert ist die wertvolle Musikinstrumenten-Ausstellung, die auch Clavichorde, Cembali und Spinette aus dem 18. Jahrhundert beinhaltet.

▲ Das Händel-Haus in der Großen Nikolaistraße

►▲ Dauerausstellung und Brunnen auf dem Hof

►▼ Musikinstrumenten-Ausstellung

▼ Historische Bohlenstube

Die Bühnen der Stadt

Unterhalb des Universitätsplatzes befindet sich die Kulturinsel mit Neuem Theater und Puppentheater. In den 1980er Jahren wurde der Gebäudekomplex durch Schauspieldirektor Peter Sodann und sein Ensemble mit unermüdlichem Einsatz und viel Herzblut zum „nt“ mit vier Bühnen (Hauptbühne, Kommode, Tintenfass, Hoftheater), Gemäldegalerie für junge Künstler, Zimmern für durchreisende Künstler und vielem mehr geschaffen.

Mittlerweile findet sich hier auch das Domizil für das Puppentheater, das mit seinen hoch gelobten Inszenierungen auch international auf sich aufmerksam machte und macht und Inszenierungen für alle Altersklassen anbietet. Das jüngere Publikum zieht es auch in das Thalia Theater in der Kardinal-Albrecht-Straße, das sich vornehmlich und engagiert sozial-kritischen Themen stellt und diese zeitgemäß präsentiert.

Eine weitere Spielstätte existiert mit dem Opernhaus, dem 1886 eröffneten Stadttheater von Halle (Saale). 1945 erheblich zerstört, konnte es in den kommenden Jahren wieder aufgebaut werden, wurde Staatstheater des Bezirkes Halle und ist heute Ort von zahlreichen Aufführungen. Gäste aus der ganzen Welt besuchen hier alljährlich die Neuinszenierungen von Händel-Opern im Rahmen der Händelfestspiele der Stadt.

◄ Den hinteren Eingang zur Kulturinsel hütet Emanuel Striese, Schmierentheaterdirektor aus Franz und Paul von Schönthans Komödie „Der Raub der Sabinerinnen“.

► Das Opernhaus

▼ Die Kulturinsel mit Neuem Theater und Puppentheater spiegelt sich in der Glasfassade des Audimax am Universitätscampus.

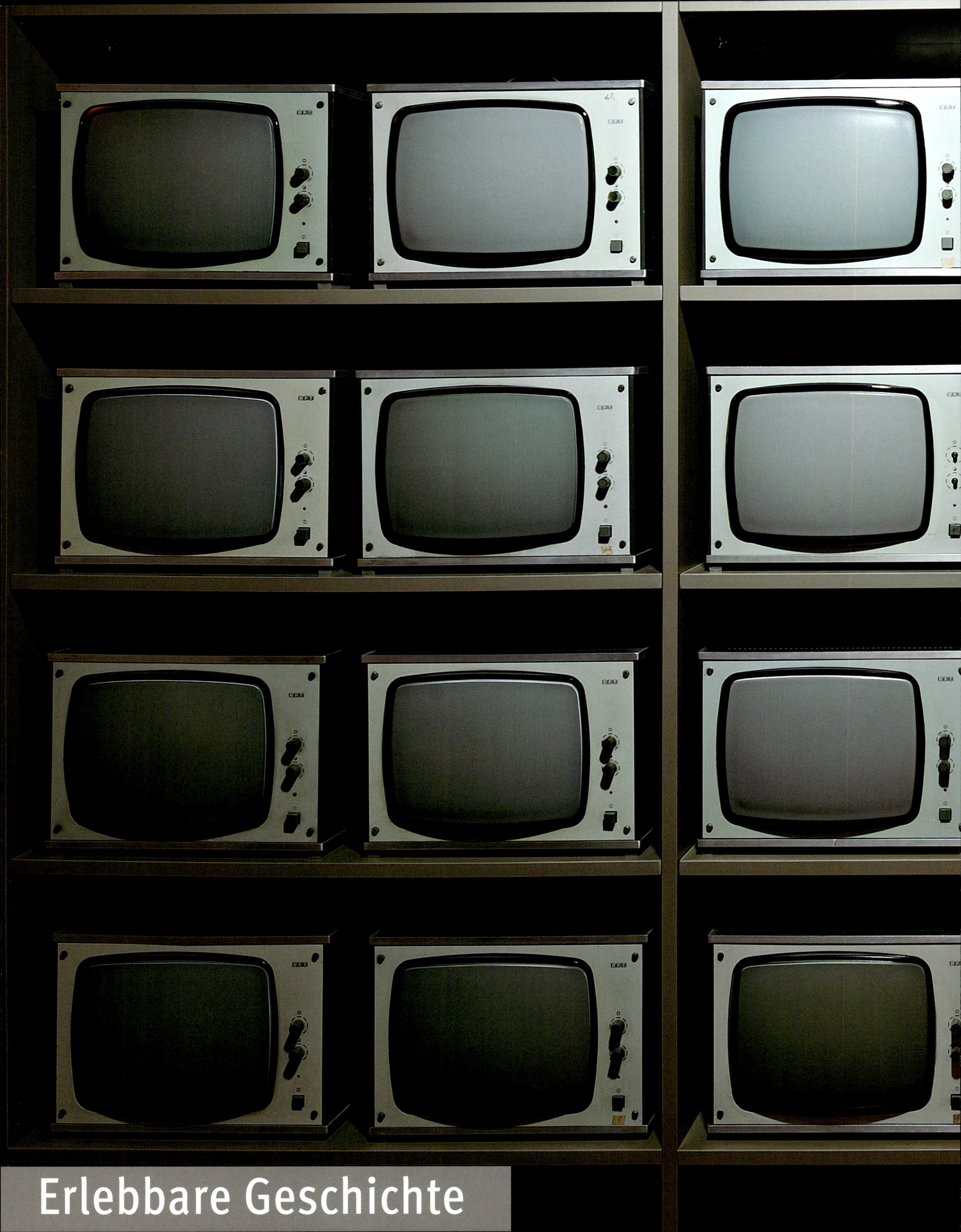

Erlebbare Geschichte

BStU-Kopie
Regieraum der
Fernbeobachtungsanlage (FBA)
RFT

Landesmuseum für Vorgeschichte

Spätestens seit dem spektakulären Fund der Himmelsscheibe von Nebra ist das Landesmuseum für Vorgeschichte weit über die Grenzen Sachsen-Anhalts und Deutschlands bekannt. Doch schon vorher hatte es unter den wichtigsten archäologischen Museen Europas einen vorderen Rang. 1911 bis 1913 entstand im malerischen Mühlwegviertel, an der heutigen Richard-Wagner-Straße, der erste deutsche Museumsbau, der sich der Vorgeschichte widmet.

Nach umfangreichen Sanierungsarbeiten eröffnete das Haus 2008 mit der neuen Dauerausstellung zum Paläolithikum, Mesolithikum, Neolithikum und zur Frühbronzezeit. Natürlich hat die Himmelsscheibe den ihr gebührenden Platz gefunden und kann, neben zahlreichen anderen einzigartigen und kostbaren Exponaten, bestaunt werden.

▲ Die Himmelsscheibe (Foto: Landesamt für Denkmalpflege und Archäologie Sachsen-Anhalt, Juraj Lipták)

Die Himmelsscheibe hat eine aufregende, fast krimiartig anmutende Fundgeschichte hinter sich: Sie wurde 1999 neben weiteren Stücken auf dem Mittelberg (bei Nebra) von Schatzsuchern ausgegraben und illegal auf dunklen Wegen weiterverkauft. 2002 allerdings konnte die Basler Polizei den Fund sicherstellen. Das war nicht zuletzt wegen der unermüdlichen Nachforschungen und des beherzten Eingreifens des Landesamtes für Archäologie Sachsen-Anhalt und der Unterstützung durch das hiesige Landeskriminalamt und das Kultusministerium möglich. Seit 2008 ist die Himmelsscheibe von Nebra unbestrittener Mittelpunkt des Hauses. Zu bewundern ist mit ihr die weltweit älteste konkrete Darstellung astronomischer Phänomene.

▼ Das Landesmuseum für Vorgeschichte

Stadtarchiv

Das Stadtarchiv ist zweifellos das unbestechliche Gedächtnis Halles. In dem 1882/83 im Stil der Neorenaissance errichteten Gebäude in der Rathausstraße 1, das seine originale Raumstruktur bis heute erhalten hat und seit 1933 Domizil für das Stadtarchiv ist, wird alles Wissenswerte zur Stadt, zu den eingemeindeten Orten (seit 1990 auch Halle-Neustadt) und hier einst ansässigen Firmen erhalten und dokumentiert. Die älteste hier verwahrte Urkunde, die Goldene Bulle Kaiser Friedrichs II., stammt aus dem Jahr 1232.

Schon seit 1894 ist das Stadtarchiv für die Öffentlichkeit zugänglich. Den heutigen Besuchern stehen 15 Arbeitsplätze, 2 Computerarbeitsplätze und 3 Lesegerätearbeitsplätze zur Verfügung.

Das Archiv verfügt über eine bedeutende Urkundensammlung mit mehr als 1000 Exemplaren – von Privaturkunden bis hin zur päpstlichen Bulle. Rund 4000 Regalmeter sind mit Akten gefüllt. 180 Nachlässe von bedeutenden Persönlichkeiten, u. a. von Siegmar Baron von Schultze-Gallèra und Johannes Schlaf, stellen wertvolle Quellen für Forschung und Interessierte dar. Zusatzinformationen liefern wertvolle Sammlungen, u. a. von Abzeichen, Ansichten, Karten, Plänen, Münzen, Plakaten, Porträts, Turmkapselfunden und Zeitungsartikeln.

◄ Das Stadtarchiv in der Rathausstraße 1

▼ Im Lesesaal können die verschiedensten Archivbestände durchforstet werden.

Kleiner und Großer Berlin

Da, wo die Große Märkerstraße in den Kleinen Berlin mündet, befindet sich im gelb leuchtenden Haus Nr. 10 das Stadtmuseum. Erbaut wurde das schöne Renaissancegebäude 1558 für einen Ratsmeister. Namhaftester Bewohner war Christian Wolff (1679–1754), der das Haus 1741 erwarb und dort auch lehrte. Wolff war Philosoph, Mathematiker und Universalgelehrter seiner Zeit. Seine Art, Zuhörer durch gezielte, systematische und verständliche Fragestellungen rationell zum Ziel zu führen, machte ihn zum führenden Aufklärer in Halle. Durch Wolff avancierte die Philosophie zur eigenständigen Wissenschaft mit ihren grundständigen Begriffen. Seit 1706 war Wolff Professor für Mathematik und Philosophie in Halle. Hier geriet er auch in Streit mit den Pietisten und August Hermann Francke. Die Pietisten mit königlicher Unterstützung durch Soldatenkönig Friedrich Wilhelm I. sorgten 1723 für die Verbannung Wolffs. Erst Friedrich II. holte ihn 1740 nach Halle zurück, wo Wolff 1743 Kanzler der Universität wurde und 1754 hochgeachtet im „Christian-Wolff-Haus" (heute Stadtmuseum) starb.

Im Museum, das mit wechselnden Ausstellungen die Geschichte der Stadt Halle (Saale) veranschaulicht, besticht unter anderem das einstige, den originalen Eindruck vermittelnde Empfangszimmer Wolffs mit restaurierten historischen Bildtapeten.

Die als Mahnmal für die am 9. November 1938 zerstörte Synagoge (1703 erbaut, 1829 erweitert) am Großen Berlin errichtete Eingangspforte erinnert an ein schreckliches Kapitel in der Geschichte der Stadt. Allein in der Pogromnacht wurden 124 jüdische Männer in das KZ Buchenwald verschleppt und zahlreiche jüdische Einrichtungen, Geschäfte und Wohnungen ausgeraubt und verwüstet. Viele Deportationen folgten. 1939/40 wurden Juden aus dem Saarland, aus Baden und anderen Gebieten in der zum Ghetto umgebauten Trauerhalle Boelckestraße untergebracht, um anschließend in Konzentrationslager abtransportiert zu werden. Von 1942 bis 1945 brachten Deportationszüge hallesche Juden u. a. nach Theresienstadt oder Auschwitz. Daran erinnern im Stadtgebiet auch zahlreiche „Stolpersteine" (kleine, in den Fußweg vor entsprechenden Häusern eingelassene Tafeln aus Messing mit Namen und Lebensdaten der einstigen Bewohner – eine Aktion des Künstlers Gunter Demnig). Die heutige jüdische Gemeinde trifft sich in der 1953 geweihten Synagoge, die durch den Umbau der Friedhofskapelle in der Humboldtstraße entstanden ist.

◄ Die Eingangspforte der am 9. November 1938 zerstörten Synagoge wurde als Mahnmal am Großen Berlin aufgestellt.

► Im Christian-Wolff-Haus am Kleinen Berlin befindet sich das Stadtmuseum.

▼ Christian-Wolff-Haus, Detail der Eingangstür

Roter Ochse

Eine düstere Geschichte berichtet das Gefängnis „Roter Ochse“, eine 1842 in Betrieb genommene Haftanstalt. Unter den Nazis wurden hier politische Gefangene inhaftiert und zwischen 1942 und 1945 mehr als 500 Insassen hingerichtet. Ab 1945 diente der Rote Ochse der sowjetischen Besatzungsmacht als Internierungsanstalt. Unzählige Gefangene aus ganz Sachsen-Anhalt wurden hier verurteilt. Von 1950 bis 1989 hielt in einem Sondertrakt das Ministerium für Staatsicherheit mehr als 9800 Menschen in Untersuchungshaft.

1996 wurde im ehemaligen Verhör- und Wirtschaftsgebäude des MfS eine Gedenkstätte für die Opfer politischer Verfolgung von 1933 bis 1989 eingerichtet. Eine Dauerausstellung dokumentiert in eindringlicher Weise die Geschichte des Roten Ochsen als politisches Gefängnis, berichtet von Einzelschicksalen und von den Grausamkeiten der beiden aufeinanderfolgenden Diktaturen, aber auch von dem Mut vieler Menschen, sich gegen Herrschaft, Gewalt und Unterdrückung zu wenden.

▲ Ehemaliger Zellentrakt im Gefängnis „Roter Ochse“

▶ Blick zum Gefängnis

▼ Ort der Willkür von Diktaturen: Hinrichtungsraum

Halle in Beton

Eckig, praktisch, Halle-Neustadt ...

Halle-Neustadt und Silberhöhe

Einer Art Idealstadt sozialistischen Städtebaus begegnet man mit der 1964 gegründeten „Chemiearbeiterstadt Halle-West". Die Trabantenstadt wurde vorrangig für die „Werktätigen" der Chemiebetriebe Leuna und Buna gebaut. Die Chemiearbeiterstadt, ab 1967 Halle-Neustadt, entstand zwischen den kleinen Orten Zscherben, Passendorf und Nietleben unter der Planungsleitung von Richard Paulick, einem einstigen Bauhäusler.

„Ha-Neu" avancierte zur Modellstadt für die Entwicklung des industriell vorgefertigten Plattenbaus in der DDR.

Im Zentrum wurden fünf Hochhäuser mit zentralen Versorgungs- und Dienstleistungseinrichtungen (Post, Poliklinik) errichtet. Um das Zentrum herum entstanden die flacheren sogenannten „Wohnkomplexe". Auch Schulen, Gaststätten, Kaufhallen etc. gehörten dazu. Die Wohnungen selbst waren sehr begehrt und – für DDR-Verhältnisse luxuriös – mit Fernheizung, Bad/WC und oftmals auch mit Balkon ausgestattet.

Selbst internationale Kritiker zollten damals dem Vorhaben Anerkennung, trotz der sozialistischen Verhältnisse mit wirtschaftlichen Engpässen für über 100 000 Menschen Wohnraum mit stabiler Versorgung mit Wasser, Strom, Fernwärme bereitzustellen. Die Infrastruktur war vorbildlich (S- Bahn, Straßen). Zudem war Halle-Neustadt angeblich die grünste Stadt der DDR! Heute ist die sozialistische „Platte" nicht mehr allzu sehr gefragt. Viele einstige Bewohner zogen ins Umland von Halle, viele auch in die sanierte Innenstadt.

Ab Ende der 1970er Jahre entstand nach und nach am südlichen Rand Halles die Plattenbauansammlung Silberhöhe. Auch hier sollten vornehmlich Beschäftigte der umliegenden Chemiebetriebe Wohnungen finden. Anders als in Halle-Neustadt ließen sich die Planer allerdings nicht mehr von Faktoren wie Lebensqualität, Begrünung etc. leiten. An erster Stelle stand die schnelle Bereitstellung von möglichst viel Wohnraum. Das merkte man dem Stadtteil an, der sich nach der Wende zum sozialen Brennpunkt entwickelte und mehr und mehr Bewohner verlor. Die zwei höchsten Gebäude mit 22 Stockwerken wurden wie etliche andere Mehrgeschosser mittlerweile wieder abgetragen. Grünflächen sollen das Gebiet aufwerten. Zusätzlich sorgen zahlreiche Initiativen für die Belebung des Viertels.

▶ ▲ Halle-Neustadt, Neustadt-Center und Schwimmhalle

▶ ▼ Halle-Neustadt, ehemaliges Rathaus und Kunst am Bau (Ordnungsamt): „Reflexion Geschichte" von Klaus Messerschmidt

▼ Halle, Silberhöhe

Zurückhaltend mutet die Fassade des Stadtbades an, das Innere aber schwelgt in einer faszinierenden Pracht und Farbigkeit. Errichtet wurde das Bad 1912–1914 nach Plänen des damaligen Stadtbaurates Wilhelm Jost. Es hat zwei Schwimmhallen: eine, das sogenannte Männerbad, mit einem rechteckigen Schwimmbecken (312 Quadratmeter) und eine kleinere, das sogenannte Frauenbad, mit rundem Schwimmbecken (160 Quadratmeter). Zudem enthielt das Gebäude einst Wannen- und Brausebäder sowie ein römisch-irisches Bad. Umlaufend um die Becken sind jeweils Umgänge mit Umkleidekabinen. Die Bäder sind mit Fliesen und Bildern in Farben und Formen des Jugendstils ausgekleidet, die durch die halbkreisförmigen Fenster ins rechte (Tages-)Licht gerückt werden. Im Turm befindet sich ein Wasserbehälter.

Der Kontrast zwischen Alt und Neu, der in Halle vielerorts zu spüren ist, zeigt sich auch eindrucksvoll in der Bäderarchitektur. Ganz anders als das ältere Stadtbad präsentiert sich das Pendant in Beton in Halle-Neustadt.

Zum Konzept einer lebenswerten „sozialistischen Stadt“ gehörte auch körperliche Ertüchtigung. Der allseits und so auch sportlich gebildete Mensch stand im Mittelpunkt und erhielt 1969 in Halle-Neustadt dafür eine Schwimmhalle.

1997 wurde das Schwimmbad umfassend saniert und bietet heute ideale Bedingungen für Schwimmfans und sogar für Taucher. Die Tribüne in der Schwimmhalle bietet 100 Sitz- und 99 Stehplätze. Turmspringern stehen ein Sprungturm mit Plattformen in 1 Meter, 3 Meter, 5 Meter, 7,5 Meter und 10 Meter Höhe, eine Synchronsprunganlage von 3 Metern und eine Hydraulikbühne (0,6 bis 4,5 Meter) zur Verfügung.

◄ Das 1912–1914 errichtete Stadtbad

► Das sogenannte Frauenbad

▼ Schwimmhalle in Halle-Neustadt

NUR FÜR SCHWIMMER
NICHTSCHWIMMER
NICHTSCHWIMMER
NUR FÜR SCHWIMMER

Die Georg-Friedrich-Händel HALLE und das Funkhaus des MDR

Sichtbare Zukunft

Moderne in Stahl, Beton und Glas

Halle wandelt sich von der einstigen „Diva in Grau" zu einer Stadt, die nicht nur mit restaurierten historischen Kostbarkeiten aufzuwarten weiß, sondern auch in modernsten Formen in Stahl, Beton und Glas glänzt. Auf der „Spitze", dem Areal zwischen Hallorenring und Mühlgraben, befinden sich mit dem MDR-Funkhaus und der Georg-Friedrich-Händel HALLE Beispiele dieser Entwicklung, die Halle in eine Zukunft als moderne Medienstadt führt.

Am MDR-Funkhaus sind heute mehr als 250 festangestellte und mehr als 300 freie Mitarbeiter beschäftigt. Aus Halle senden MDR-Info, MDR-Figaro, MDR-Klassik, Jump und MDR-Sputnik.

Die 1999 eröffnete Georg-Friedrich-Händel HALLE ist wohl eines der modernsten Veranstaltungsgebäude Mitteldeutschlands. Bis zu 1500 Besucher fasst der Große Saal, dessen Blickfang der Orgelprospekt ist. Die Disposition der Orgel selbst verfügt über 56 klingende Register, 3 Manuale und Pedal. Für eine ordentliche Akustik sorgen ein steil ansteigender Rang und ein System mit vielen Holzflächen.

Ganz in der Nähe von Händelhalle und MDR-Funkhaus komplettiert das Mitteldeutsche Multimediazentrum (MMZ) das moderne Ensemble einer visionären Medienstadt. Hinter der modernen Architektur verbirgt sich ein Ort der Kreativität und modernster Technologien. Neben dem Institut für Medien- und Kommunikationswissenschaften der Martin-Luther-Universität Halle–Wittenberg befinden sich hier auch Design- und Kommunikationsbüros, ein Trickfilmstudio, ein Kinotonmischstudio und verschiedene weitere Produktionsfirmen sowie die Büros von zahlreichen kreativen Unternehmern. Seit der Eröffnung des MMZ im Jahr 2007 konnten sich über 50 kleine und größere Firmen ansiedeln. Rund 600 Arbeitsplätze wurden geschaffen.

Noch vor nicht allzu langer Zeit war der Platz, der im Mittelalter Galgtorvorplatz, ab 1891 Riebeckplatz (wieder seit 1991) und zu DDR-Zeiten Ernst-Thälmann-Platz hieß, als unübersichtlicher Kreisverkehr und verkehrsreichster Knotenpunkt der DDR für seine Tücken und Unfallquellen gefürchtet – nicht zuletzt auch, weil zusätzlich noch die Straßenbahn die vielen Fahrspuren kreuzte.

Bis zu 80 000 Fahrzeuge müssen noch heute täglich diesen Knotenpunkt passieren. Damit dies nahezu reibungslos geschehen kann, wurde der Platz für ein Gesamtvolumen von 35 Millionen Euro grundlegend umstrukturiert und umgebaut und der Verkehr auf verschiedene Ebenen verlagert. Die Bahnen fahren heute unter dem Platz. Dort entstanden an den Haltestellen auch Läden und gläserne Überdachungen.

▶ Impression vom neu gestalteten Riebeckplatz

▼ Blick zum Mitteldeutschen Multimediazentrum

SA
LZ
HALLE
an der
SAALE
CH
EM
IE
JUWELIER
KORTUM

Halle in Grün

Idyllisches Fleckchen am Saaleufer mit Blick zur Burg Giebichenstein

Amtsgarten, Reichardts Garten und Klausberge

An der Burg Giebichenstein befindet sich mit dem Amtsgarten eine zauberhafte kleine Parkanlage. Historiker vermuten an der Stelle des Amtsgartens die ursprüngliche Burganlage. Erste gärtnerische Gestaltungen des Areals erfolgten bereits im 17. Jahrhundert. Nach 1740 ließ der Amtmann Johann Christoph Ochs von Ochsenstein hier einen prächtigen Barockgarten anlegen. Dieser umfasste das gesamte Gebiet zwischen den Klausbergen (Nordosten) und dem Burggraben der Burg Giebichenstein (Südwesten) einschließlich Saaleufer und Römerberg. Heute noch vorhandene Grundmauern belegen die einstige Existenz von Springbrunnen und Orangerien im streng orthogonal gegliederten unteren Park. Schon Ende des 18. Jahrhunderts wurde – nicht zuletzt wegen einiger Überschwemmungen – die Anlage neu im Stil englischer Landschaftsgärten, wie sie zuvor schon in Wörlitz und Weimar entstanden, gestaltet.

▲ An der Burg Giebichenstein

► Von den Klausbergen bietet sich ein prächtiges Panorama von Burg Giebichenstein und Saale bis hin nach Halle-Neustadt.

▼ Der Amtsgarten

Zu Beginn des 20. Jahrhunderts erwarb die Stadt die Burg Giebichenstein und den Park. Ab 1907 ließ der damalige Stadtgartendirektor Emil Berckling den Garten grundlegend erneuern und schuf die Voraussetzungen für das heutige Aussehen. Aus dem verfüllten Schwanenteich entstand die „Amtswiese“. Es gab thematische Gärten wie Rosen- und Blumengarten mit romantischen Sitzbänken, Pergolen und Rankbögen und einen Aussichtspunkt auf dem Römerberg. In den 1990er Jahren ermöglichten Rekonstruktionsarbeiten die weitgehende Wiederherstellung des Gartens nach den Berckling'schen Plänen. Besucher finden heute hier alte Solitärbäume wie Rosskastanien, Eiben oder Ulmen und außergewöhnliche Bäume wie Gingko, Schnurbaum oder Lederhülsenbaum.

Oberhalb des Amtsgartens findet sich mit den Klausbergen ein markanter Punkt der Saalelandschaft. Der Name verweist auf eine im Mittelalter

JOHANN
FRIEDRICH
REICHARDT
GEB. ZU KÖNIGSBERG
AM 25 NOVEMBER 1752
GEST. Z. GIEBICHENSTEIN
AM 27 JUNI 1814

existente Kapelle der Klausbrüder. Hier lädt die Eichendorff-Bank dazu ein, der Stimmung nachzusinnen, die Eichendorff einst zu seinem Gedicht „Da steht eine Burg überm Thale“ inspirierte.

Nicht weit von Burg Giebichenstein und Amtsgarten entfernt liegt der viel gerühmte und besungene Reichardts Garten.

Sein Namensgeber und Schöpfer, Johann Friedrich Reichardt (1752–1814), war königlich-preußischer Hofkapellmeister unter Friedrich II., Komponist und hatte Ambitionen als Zeitungsverleger. Reichardt kaufte sich 1794 in Halle ein Grundstück, das Kästnersche Gut, nahe dem Giebichenstein. Den Garten ließ er nach dem Vorbild englischer Landschaftsgärten gestalten. Hier entstand ein kleines Paradies mit seltenen Pflanzen, exotischen Bäumen und lauschigen Fleckchen – gerade richtig für die Träume und Sehnsüchte frühromantischer Gemüter. Das Gehöft selbst, die sogenannte „Herberge der Romantik“, enthielt einen Seitenflügel mit Gartensaal – hier lag die Zelle des „Giebichensteiner Dichterparadieses“, hier gaben sich Dichter wie Johann Wolfgang von Goethe, Ludwig Tieck, Achim von Arnim, Clemens Brentano, Wilhelm Grimm, Novalis und Jean Paul förmlich die Klinke in die Hand. Doch die Idylle war leider nicht von langer Dauer. 1806/07 wurde das Gut von französischen Truppen geplündert. Reichardt musste gar fliehen, um dem Haftbefehl Napoleons zu entgehen. Nach der Niederlage Napoleons konnte er 1813 zurückkehren, aber sein Anwesen war verwüstet, der alte Glanz erloschen. Er starb 1814 als gebrochener Mann. Sein Grab befindet sich auf dem nach oben an Reichardts Garten angrenzenden Friedhof von St. Bartholomäus.

Seit 1902 ist die Stadt Halle im Besitz des Geländes. Reichardts Haus selbst steht nicht mehr. Zu erleben ist heute ein Park in der Gestaltung des damals avisierten „Bürgerparks“, zu dem sich 1925 noch das Gelände des sogenannten „Schlippenberges“ gesellte. Aufmerksame Besucher entdecken botanische Kostbarkeiten wie einen Trompetenbaum, Französischen Ahorn oder Mammutbaum. Erinnerungsmale an die Glanzzeit des Parks sind bemerkenswert: Gedenksteine, eine Reichardt-Büste, Spruchsteine. An den Zugängen unterrichten Tafeln über Geschichte und Bedeutung des Parks.

◄ Büste Reichardts im Reichardts Garten

▲ Die Eichendorff-Bank in den Klausbergen

► 1994 schuf sich der bereits 1991 gegründete Kunstverein „Talstrasse“ e. V. in Halle (Saale) in einer spätklassizistischen Villa eine Begegnungsstätte, in der regelmäßig Kunstausstellungen, Lesungen, Gesprächskreise über Kunst und Politik stattfinden. Der Felsengarten hinter der Villa des Kunstvereins steht über die Sommermonate allen interessierten Besuchern offen. Zahlreiche Kunstwerke und ein zauberhafter Blick über das Saaletal hinüber zur Burg Giebichenstein lohnen den Aufstieg auf den Felsen.

▲ Eine beliebte Wohngegend ist das Saaleufer an der Giebichensteinbrücke.

◄ Blick zu den Klausbergen und zur Jahn-Höhle

▼ Krug zum Grünen Kranze in Kröllwitz

▼▼ Ausblick von den Klausbergen

Kröllwitz, einstiges Dorf vor der Stadt, heute eines der beliebtesten Wohnviertel

Botanischer Garten

Unweit der Moritzburg bietet sich mit dem Botanischen Garten eine besondere (und lehrreiche!) Oase. Dieser früher auch als ein „hortus medicus“ bezeichnete systematisch angelegte Lehrgarten entstand 1698 unter den Fittichen der medizinischen Fakultät als einer der ersten seiner Art in Preußen.

Der mittlerweile 4,5 Hektar große Garten dient heute der Lehre und Forschung, aber auch Naturliebhaber oder bildungshungrige Interessenten können im Victoria-Haus Seerosen und andere tropische Wasserpflanzen bewundern, im Tropenhaus einen tropischen Regenwald durchstreifen und in stillen Momenten auch dessen scheue Bewohner entdecken oder gar auf den Spuren Goethes wandeln. Einige Häuser sind für Besucher nicht begehbar, aber viele präsentieren ihre Schätze. So finden sich im Immergrünhaus Pflanzen, die in subtropischen bis warmgemäßigten Breiten vorkommen, oder tertiäre Versteinerungen und Abdrücke zum anschaulichen Vergleich. Pflanzen der Halbwüsten und Wüsten (Achtung, Stacheln!) sind im Sukkulentenhaus zu sehen. Der Rundgang im Freien zeigt Teiche und Tümpel, einen Schmuckgarten, Miniatursteingärten und viele weitere botanische Kostbarkeiten.

▶ Blick ins Tropenhaus

▼ Lehrreiche Rundgänge vermitteln im Botanischen Garten viel Wissenswertes über zahlreiche Pflanzenarten.

Eine echte Besonderheit ist der über 100 Jahre alte hallesche Zoo, denn er liegt direkt auf einem 130 Meter hohen Porphyrfelsen und bietet dadurch besonders abwechslungsreiche und landschaftlich reizvolle Rundgänge. Auf einer Gesamtfläche von nur rund 9 Hektar tummeln sich über 1700 Tiere von rund 250 Arten – vom kleinen Reptil bis zum großen Elefant.

Schon 1901 konnten die Besucher hier erstmals 196 Tiere in 94 Arten bewundern. Allerdings wurden damals die Tiere noch nicht in den heutigen modernen Anlagen untergebracht. Aus dieser Zeit stammen lediglich noch die Bergtiergehege. Vom Ende der 1980er Jahre an verzichtete man nach und nach auf die Haltung größerer Tiere wie Nashörner, Giraffen & Co. Im Juni 2006 wurde die neue Elefantenanlage fertiggestellt. Sie ist für die Haltung von vier Elefantenkühen und einem Bullen vorgesehen. Das moderne Domizil mit einem 600 Quadratmeter großen Elefantenhaus, einer Außenanlage von 3000 Quadratmetern und einem Badebecken wird von dem Afrikanischen Elefantenbullen Abu und den Elefantenkühen Mafuta, Tana, Bibi sowie ihrem Jungtier Panya bewohnt. Die Affen indes tummeln sich in modern und artgerecht konzipierten Häusern. Weitere Attraktionen sind die Seebärenanlage, das sanierte Raubtierhaus, die begehbare Australienvoliere, das Krokodilhaus und die 2008 sanierte Geiervoliere.

Vom Aussichtsturm auf der Spitze des Reilsberges, auf der sich auch die weithin sichtbare, 24 Meter hohe und 700 Quadratmeter große Freiflugvoliere befindet, kann man eine wundervolle Aussicht über die ganze Stadt genießen.

◀ Braunbär

▶▲ Totenkopfäffchen

▶▲ Uhu

▶▼ Südamerikanischer Seebär

▶▼ Humboldt-Pinguin

▼ Das Elefantengehege aus der Luft

Stadt am Fluss

Halle (Saale) ist eine Stadt am Fluss. Sie wurde geprägt vom Fluss und profitierte von ihm. Die Menschen nutzten die Saale als Fischer, Flößer oder auch als Bademeister. Die Saale entspringt bei Zell im Fichtelgebirge und fließt bis zur Mündung in die Elbe bei Barby auf einer Länge von 413 Kilometern. Dabei überwindet sie einen Höhenunterschied von etwa 700 Metern.

Das Landschaftsschutzgebiet „Mittleres Saaletal“ ist ein grüner Korridor aus Naturschutzgebieten, Flächennaturdenkmälern und Biotopen mitten durch die Stadt. Dabei durchbricht die Saale einige Porphyrfelsen (Heinefelsen, Giebichenstein, Amselgrund, Klausberge, Ochsenberg). Zahlreiche Vegetationsformen wie Bruch- und Auenwälder oder Feuchtwiesen säumen ihren Weg. Erschlossen wird das Gebiet durch ein Netz von Rad- und Wanderwegen, auf denen man in dieser grünen Idylle von Süd nach Nord (oder umgekehrt) interessante Ausflüge machen kann. Durch Verzweigungen der Saale im Stadtgebiet entstanden einige Inseln (Peißnitz, Rabeninsel) und ein Wasserlauf von rund 20 Kilometern Länge. Während im Süden Naturfreunde von dem vorherrschenden Pflanzenreichtum begeistert sind, wird die Flusslandschaft im Zentrum zu einem Naherholungsgebiet und Veranstaltungsort für Open Airs (Peißnitzinsel). Hier befinden sich die Ziegelwiese mit der Fontäne, die zu besonderen Anlässen ihr Wasser auf eine Höhe von bis zu 90 Metern in die Luft pumpt, und das Planetarium, das mit zahlreichen Vorführungen kleine und große Sternengucker zu faszinieren weiß. Auf einem Kurs von 2 Kilometern umrundet der Peißnitzexpress, der 1960 als „Pioniereisenbahn“ in Betrieb genommen wurde, die Peißnitzinsel.

Besonders eindrucksvoll aber ist Halles grüne Landschaft, wenn alljährlich zu den Händelfestspielen aus der Galgenbergschlucht die „Feuerwerksmusik“ ertönt und dazu noch Feuerwerk Himmel und Stadt erhellt. Da verbinden sich Geschichte und Gegenwart, Kunst und Natur auf das Wunderbarste. Da ist Halle wahrhaftig, einzigartig und eine Stadt, die man einfach nur lieben oder in die man immer wieder zurückkehren will.

▶ Beliebt sind die vielen Ausflugsmöglichkeiten mit Schiffen auf der Saale.

▼ Vor allem am Wochenende ist die Ziegelwiese an der Fontäne Anziehungspunkt für zahlreiche Erholungssuchende.

Stadt Merseburg

▲ Gut von der Saale aus zu sehen: die Turmspitze der Petruskirche in Kröllwitz

▼ Saalewehr im Sonnenuntergang

▼▼ Bis zu 90 Meter hoch kann die Fontäne das Wasser in die Luft pumpen

▲ Die Fontäne aus der Luft

◀ Die Fontäne auf der Ziegelwiese

▼ Planetarium auf der Peißnitzinsel

▼▼ Die Parkeisenbahn Peißnitzexpress

Das traditionelle Abschlusskonzert der Händel-Festspiele in der Galgenbergschlucht wird jedes Jahr mit einem grandiosen Feuerwerk zu Händels Musik beendet.

*.entdecken

für Dora Anna

Impressum

Herausgeber der Reihe, Idee, Realisierung, Reihengestaltung, Layout, Fotografie: Janos Stekovics

ISBN 978-3-89923-281-3

STADTMARKETING | hallesaale* HÄNDELSTADT

Dieser Band entstand in Zusammenarbeit mit der Stadtmarketing Halle (Saale) GmbH.

Dank an: Evangelische Marktkirchengemeinde Halle · Franckesche Stiftungen zu Halle · Hallesches Salinemuseum e. V. · Gedenkstätte Roter Ochse · Katholische Pfarrei St. Mauritius und St. Elisabeth, Halle-Mitte · Landesamt für Denkmalpflege und Archäologie Sachsen-Anhalt · Martin-Luther-Universität Halle–Wittenberg · Stadtmarketing Halle (Saale) GmbH · Stadtarchiv · Stiftung Dome und Schlösser in Sachsen-Anhalt · Stiftung Händel-Haus · Stiftung Moritzburg – Kunstmuseum des Landes Sachsen-Anhalt · Technisches Halloren- und Salinemuseum Halle (Saale) · Universitäts- und Landesbibliothek Sachsen-Anhalt · Zoologischer Garten Halle GmbH

Susanne Fiebig · Hans-Ulrich Frosch · Günther Gartz · Runa Greiner · Claudia Günther · Dr. André Gursky · Detlef Hay · Dr. Martin Hecht · Wolfgang Heger · Dr. Kerstin Heldt · Dr. Matthias Hoffmann · Ralf Jacob · Andreas Jakob · Rüdiger Just · Sabine Kramer · Michael Kriebel · Jean Löffler · Henry Löhr · Tristan Preuk · Dr. Heiner Schnelling · Prof. Dr. Rüdiger Schultka · Dr. Ralf-Torsten Speler · Dr. Bettina Stoll-Tucker · Anja Telzer · Andreas Trinks · Stefan Voß · Dr. Karl-Ernst Wehnert